Paris
1802

Goethe, Johann Wolfgnag von

Alfred ou les années d'apprentissage de Wilhelm Meister

Tome 3

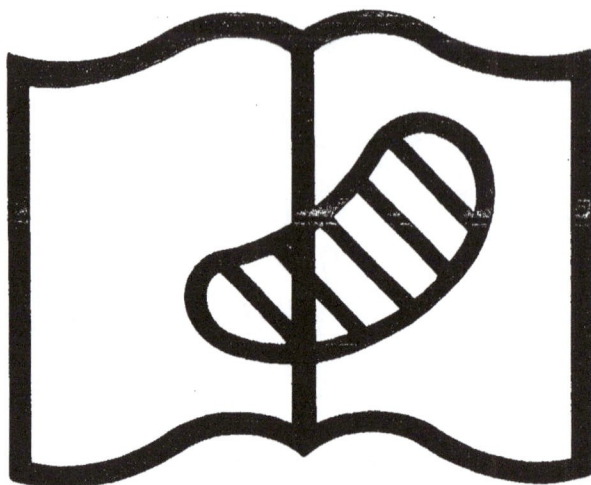

Symbole applicable
pour tout, ou partie
des documents microfilmés

Original illisible

NF Z 43-120-10

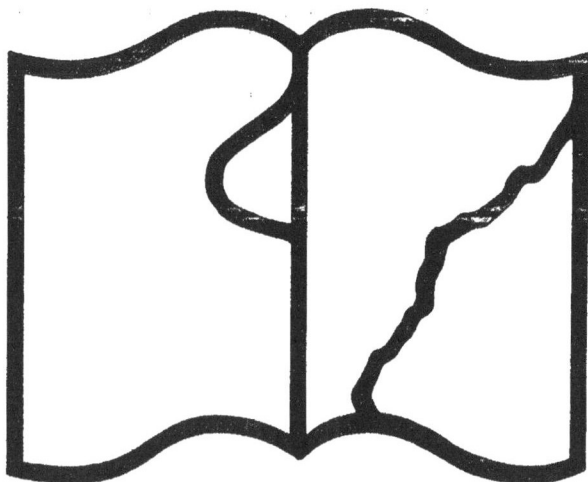

Symbole applicable
pour tout, ou partie
des documents microfilmés

Texte détérioré — reliure défectueuse

NF Z 43-120-11

Y^2

ALFRED.

III.

ALFRED,

OU

LES ANNÉES D'APPRENTISSAGE

DE

WILHELM MEISTER,

Par GOETHE, auteur de Werther;

Traduit de l'allemand, par C. L. SEVELINGES.

Avec figures et romances gravées.

TOME TROISIÈME.

A PARIS,

CHEZ FRANÇOIS LOUIS, LIBRAIRE,
rue de Savoie, n° 12.

1802.

ALFRED.

CHAPITRE PREMIER.

Fanfan fesait souvent prier sa bienfaitrice, de lui permettre d'assister à ses entretiens et à ses promenades avec Alfred. Elle y déployait de plus en plus un cœur sensible, et un esprit nourri d'excellentes observations. Elle y laissait constamment éclater une grande haine du monde, et un goût décidé pour la retraite.

Natalie, de son côté, devenait fort rêveuse. « Quelque paisible que paraisse votre jeune

III. 1

amie , disait - elle à Alfred , je n'ose me flatter encore que nous lui ayions rendu un vrai service, en vous réunissant tous deux ici. »

Alfred ne put s'empêcher de réfléchir , que cette union avec Eliska, qui fesait l'objet de tous ses vœux, serait, sans doute, un coup affreux pour la tendre Fanfan, qu'il était loin de croire indifférente : il n'osa néanmoins s'en ouvrir à Natalie; il ne soupçonnait pas qu'elle pût être instruite de ses projets.

Souvent ils s'étaient familièrement entretenus d'elle, et chaque fois Alfred avait été sur le point d'avouer à sa nouvelle amie, qu'il avait offert son cœur et sa main à cette aimable femme. Un sentiment secret, dont il ne pouvait se rendre compte, l'avait toujours retenu au moment de faire sa confidence à Natalie. Un jour, elle engagea elle-même la conversation sur ce sujet, et Alfred montrant sa réserve accoutumée : « Puisque vous vous enveloppez si obstinément de dissimulation et de mystère, lui dit-elle en riant ; je vais vous attaquer sans ménagement. Pourquoi me refuser la confiance de vos sentimens et de vos projets ? Pensez-vous que j'ignore vos propositions à ma chère Eliska ? au reste, vous cesserez de vous plaindre de mon indiscrétion, en voyant mes titres de créance ; voici une lettre qu'Eliska elle-même me charge de vous remettre sans délai. »

« Une lettre d'Eliska ! » s'écriat-il.

« Oui , de sa main ; votre sort est décidé, vous êtes heureux , je vous en félicite non moins sincèrement que mon amie. »

Alfred était dans une extase muette, il était pâle, immobile ; on n'eût point su distinguer si la nouvelle qu'il venait de recevoir, l'avait frappé d'une mortelle douleur, ou rempli d'une joie céleste.

« Je m'applaudis, ajouta Natalie, d'avoir contribué à votre félicité, puisqu'Eliska, ne voulant pas suivre aveuglément la voix de son cœur, m'avait priée de l'éclairer de mes conseils. J'espère que l'événement prouvera que je vous aurai servis l'un comme l'autre. »

A ces mots, elle le laissa, pour qu'il pût lire en liberté la lettre d'Eliska. Alfred la trouva si vivement, si fidèlement peinte dans ce qu'elle avait écrit, qu'il lui sembla l'entendre elle - même. Les pensées les plus opposées s'entrechoquaient dans son esprit. A côté du sentiment le plus profond, de l'amour le plus ardent pour Eliska, se rencontrait un faible irrésistible pour la trop séduisante Natalie. Il s'applaudissait du choix rare qu'il avait su faire; puis, tout à coup, il déplorait la perfection de sa future compagne, il était humilié de la sentir si supérieure à lui. Enfin, il prit assez d'empire sur lui-même, pour reparaître devant sa généreuse amie.

« Eh bien! que vont penser nos amis de tout ceci? » dit Natalie.

— « Votre frère n'en sait-il encore rien? »

— « Pas un mot; l'affaire a été négociée entre nous autres femmes seulement. J'ignore quels caprices a semés Lydia dans l'imagination de votre Eliska; elle semble se défier singulièrement de Lothario et de l'abbé. Quant à mon frère Léopold, depuis long-tems ils étaient convenus, elle et lui, qu'ils se borneraient à se faire réciproquement part de leur mariage, sans prendre conseil l'un de l'autre. »

Natalie écrivit une lettre détaillée à son frère; elle pria Alfred

d'y joindre quelques lignes, pour
éviter les premiers pas à Eliska.
Dans ce moment on annonça
Lothario. Il fut accueilli de la
manière la plus amicale. Son
maintien et sa physionomie res-
piraient la sérénité et la joie.

« Il me tarde, mes chers amis,
dit-il au bout de quelques minu-
tes, de vous apprendre l'étonnante et douce nouvelle qui
m'amène ici. Elle concerne notre
belle Eliska. Vous nous avez
souvent reproché de prendre intérêt à tout ce qui se passe sur
la surface du globe ; aujour-
d'hui, vous allez voir qu'il est
bon d'avoir des espions partout. Devinez ce que nous avons
découvert ; faites briller votre
sagacité. »

L'air de complaisance avec lequel il prononça ces paroles , les regards malins qu'il jetait tour à tour sur Alfred et Natalie , les convainquirent que leur secret était éventé. Natalie répondit en riant : « Nous sommes beaucoup plus pénétrans que vous ne l'imaginez; avant que vous ne proposassiez votre énigme , nous en avions déjà mis le mot sur ce papier. »

Elle présente à Lothario la lettre destinée pour le comte ; elle se réjouissait d'avance de prévenir adroitement le petit triomphe qu'il s'était promis. Lothario prend le papier, lit, tressaille, achève de lire, laisse tomber la lettre à ses pieds ; l'effroi, la douleur, le reproche,

étaientpeints dans ses yeux ; mais
sa bouche était muette.

Alfred et Natalie ne savaient
qu'augurer de l'état où ils le
voyaient. Lothario se promenait
çà et là à pas précipités. « Que
dois-je dire? s'écria-t-il enfin ;
ce mystère ne peut subsister plus
long-tems, le choc est inévitable.
Ainsi , secret contre secret, surprise contre surprise! écoutez-
moi : Eliska n'est point fille de
celle que l'on a crue sa mère.
Tout obstacle est levé , et j'étais
venu vous prier de la disposer à
un prompt mariage avec le
comte. »

La foudre était tombée sur le
malheureux Alfred ; Natalie
n'osait lever les yeux sur lui ni
sur Lohario. Ce fut ce dernier

quirompitenfin lesilence. «Nous
avons tous besoin d'une heure de
solitude, dit-il, pour nous livrer
à nos réflexions; je me retire
pour faire les miennes. »

Il descendit dans les jardins.
Alfred le suivit, mais de loin; ils
finirent cependant par se rencontrer au tournant d'une allée.
« Ecoutez - moi, Lothario, dit
Alfred. Aidez - moi à fixer mes
pensées : la résolution d'unir à
jamais mon sort à celui d'Eliska,
est peut-être la première, l'unique, que mon cœur ait formée
d'accord avec ma raison. Au moment de parvenir au comble de
mes vœux, toutes mes espérances
s'évanouissent; et c'est de la main
d'un homme que j'aimais, d'un
homme qui voulait que je le re-

gardasse comme mon ami, que
je reçois un coup plus cruel que
la mort. Il vient me frapper d'une
manière si imprévue, si étrange,
que je dois le regarder comme une
suite de l'inévitable destin qui
me poursuit. Il faut donc s'y
soumettre, puisque je ne puis
le combattre; mon courage le
lassera peut-être; j'aurai celui de
céder Eliska à Léopold: Allez l'en
instruire. »

« Oui, répondit Lothario, je
vais le rejoindre, mais je n'accepte
point ce refus, au-dessus des forces
d'un mortel. Mon ami saura s'il
est de sa dignité d'y souscrire;
adieu, je vous laisse. »

Il partit, en effet, avant que
Natalie fut venue les trouver;
elle apportait un plan de conci-

liation ; mais elle ne se flattait
point de le faire adopter. Natalie,
comme femme, savait mieux que
ses deux amis, que l'amour se
révolte à la seule idée de composer avec un sentiment plus calme. En repassant ensemble tous
les moyens de sortir de cette
affreuse crise, il leur vint dans
l'esprit que ce pouvait être un
artifice de Lothario. Un exprès
d'Eliska apporta la lettre suivante
à Natalie :

« Pour peu que tu prennes
pitié de mon sort, chère Natalie,
envoie-moi mon Alfred sans différer. Il sera mon époux, je serai
sa femme, malgré tous les plans,
malgré tous les efforts de nos
ennemis. Défie - toi de tout le
monde, sans exception. »

« Que faire ? » dit Alfred.

« Attendre que mon frère se soit expliqué, répondit Natalie; une démarche précipitée peut amener les plus terribles résultats. »

A l'instant même arriva une lettre de Léopold.

« Je ne vous enverrai plus Lothario, mandait il; deux lignes de ma main valent mieux que tous les discours d'un tiers. Non, Eliska n'est point la fille de madame de Lobwitz ; je puis donc aspirer à sa main, et rien, qu'un refus de sa part, ne peut m'y faire renoncer. Qu'Alfred ne fasse point un pas hors du château : nous attendrons la décision d'Eliska, et elle ne tardera pas. »

« Donnez-moi votre parole

d'honneur de rester mon prison-
nier jusqu'à nouvel ordre, dit
Eliska à son ami. Alfred saisit sa
main, l'arrosa de ses larmes; et
promit de ne point s'éloigner sans
sa permission.

Dès le lendemain, Natalie reçut
une seconde dépêche de sa belle
amie. Eliska ne pouvait s'ôter de
l'idée que toute cette aventure ne
fut l'effet d'une machination
sourde, pour séparer Léopold et
Lydia, et pour la séparer elle-
même d'Alfred.

« Il faut, ajoutait-elle, que
foulant aux pieds de frivoles sermens, mon digne ami accoure
au plutôt vers moi; nous serons
biens plus forts étant réunis. Si
dans trois jours il n'est pas ici,
je vais le trouver moi-même, je

vais lui arracher une décision
quelconque. Ce n'est point,
comme tu le penses, l'aveugle
passion qui me fait agir ; c'est
l'intime conviction que Léopold
ne peut être rien pour moi, et
que mon nouvel amant fera le
bonheur de ma vie. »

Natalie ne cacha point cette
lettre à son jeune ami. « Je vous
la communique sans crainte, lui
dit-elle, pour vous montrer à
quel point je compte sur votre
parole et sur votre raison ; vous
pouvez vous fier à ma prudence;
et c'est ici le moment de vous
avouer, que ce que le monde et
les livres nomment l'amour, n'a
de tout tems été pour moi qu'un
feu follet, qu'une illusion pas-
sagère. »

« O ciel! s'écria Alfred, vous n'avez point encore aimé? »

« Il faut aimer toujours, ou n'aimer jamais ! » répondit Natalie.

CHAPITRE II.

Alfred errait tristement dans
le parc : « Suivez - moi , lui dit
Natalie , » elle reprit le chemin
du château. Une longue galerie
qu'Alfred voyait pour la première
fois, les conduisit à une grande
porte, défendue par deux sphinx
de granit. La porte en était égyp-
tienne, l'ouverture se rétrécissait
un peu vers le haut. Deux battans
de bronze, couverts de bas-reliefs
et d'hiéroglyphes, préparaient à
un spectacle imposant.

Ils s'ouvrirent : Natalie prit
Alfred par la main, ils entrèrent
ensemble dans une salle voûtée,

d'une immense étendue. Tout
autour régnait une suite d'arca-
des et de niches, sous lesquelles
étaient placés des sarcophages
de forme antique. Sur des colon-
nes tronquées on voyait des urnes
cinéraires ; des passages tirés de
Shakespear , de Klopstock , de
Voltaire , rappellaient l'inanité
de la vie et des grandeurs humai-
nes , les douceurs de l'amour et
de l'amitié , les charmes de la
vertu.

En face de la porte, un monument composé d'un sarcophage
de marbre noir, surmonté d'une
statue de marbre blanc, fixa particulièrement les regards d'Alfred.
Le personnage qu'il représentait,
était un homme vénérable ; il
tenait un rouleau à la main ; ses

yeux y étaient attachés. On y
lisait ces mots :

PENSE A VIVRE.

Quatre grands candélabres de
bronze antique étaient rangés au
milieu de la salle, auprès d'un
tombeau décoré de bas-reliefs
d'un excellent goût. D'après sa
grandeur, il paraissait avoir ren-
fermé un corps de moyenne taille.
Natalie fit remarquer, à Alfred,
une inscription qui dénotait que
ce monument avait été celui
d'une jeune vierge romaine, en-
levée par la mort, tandis que son
amant, ses amies, sa famille,
préparaient la fête de son hymen.
Alfred crut entendre une voix
intérieure qui lui disait, que si
Faufan succombait à ses maux,

cette tombe pourrait recevoir ses
restes.

Natalie l'arracha aux sombres
réflexions qui commençaient à
l'assaillir, en lui fesant observer
des ouvertures demi-circulaires,
pratiquées dans la voûte, de distance en distance. « C'est un de
mes oncles, dit-elle, qui a fait
construire cette triste et magni-
fique salle. Comme il voulait que
la musique accompagnât toutes
les scènes solennelles de la vie
humaine, il régla lui-même l'ordre et la pompe des cérémonies
funèbres, qui auraient lieu dans
cet endroit; il eut soin de placer
les instrumens et les voix de
manière à opérer le plus grand
effet. Ces sons produits par des
êtres invisibles, descendant de la

voûte sur ces emblèmes de la
mort, ont quelque chose de
magique et de surnaturel. »

Ils se disposaient à quitter ce
lieu, rempli d'attraits pour leurs
âmes mélancoliques, lorsque la
voix des enfans se fit entendre
dans la galerie.

« Ce sera moi ! ce sera moi ! »
criait Félix, en courant de toutes
ses forces.

Fanfan, hors d'haleine, se précipite dans les bras de Natalie :
« Eliska est ici ! » C'est tout ce
qu'elle put dire ; l'effort qu'elle
avait fait avait totalement épuisé
ses forces. A la vive rougeur dont
la course avait coloré son teint,
succéda bientôt une effrayante
pâleur. Alfred en fut attendri, il
la prit par la main, il lui rappela

que tout mouvement violent lui
était défendu. Dans ce moment
Eliska parut.

Natalie l'embrassa avec trans-
port; Alfred était troublé jusqu'au
fond de l'âme; il se reprochait de
s'être laissé prévenir. Eliska s'a-
vança vers lui avec un regard,
un sourire qui ranimèrent son
courage et son espoir. « Je tiens
parole, lui dit-elle, vous le voyez;
mon ami n'est pas venu, moi
je viens; nous voici réunis, on
ne nous séparera plus ».

Le petit Félix la tirait par sa
robe : « Maman, criait-il, maman,
me voilà aussi, moi ! » Eliska se
pencha pour l'embrasser; tout à
coup Fanfan fait un cri en portant la main sur son cœur, et
tombe comme morte aux pieds

de Natalie. Alfred se précipite
sur elle, la relève, appelle, se
désespère; il avait oublié ses deux
amies. Des domestiques accou-
rent, le chirurgien prodigue en
vain ses secours; la jeune infortunée ne donnait aucun signe de
vie.

Alfred ne voyait plus, n'enten-
dait plus rien. Quand le calme
commença à renaître dans ses
sens, il se trouva sur un canapé,
entre Eliska et Natalie. « Laissez-moi voir cette pauvre petite,
que j'ai assassinée, leur disait-il,
en sanglotant. En vain essayèrent-
elles de le retenir, il s'arracha de
leurs bras, il parcourait le château, en demandant à grands cris
ce que l'on avait fait de sa chère
Fanfan. Le chirurgien et le mé-

decin se trouvèrent sur son pas-
sage, et lui représentèrent vivement qu'il ne pouvait qu'accroî-
tre le péril par sa présence. « C'en
est fait, dirent-ils aux deux amies,
elle ne vit plus ! »

Elles se hâtèrent de ramener
Alfred dans son appartement,
pour le préparer par degrés à cette
fatale nouvelle. Il les écoutait,
et ne répondait point ; on vint
annoncer des étrangers.

CHAPITRE III.

La surprise des dames fut extrême, en arrivant au salon, de trouver le comte Léopold, Lothario et l'abbé. Natalie éprouva quelqu'embarras à la vue de son frère; Eliska, au contraire, s'avança vers lui en souriant. « Vous étiez, sans doute, bien loin de me soupçonner ici, lui dit-elle, vous devez, comme moi, vous applaudir de cet heureux hasard ; nous pourrons rétablir la paix aujourd'hui. »

Léopold, non sans une émotion visible, se borna à lui protester qu'il était entièrement disposé à

III. 2

se soumettre à la décision qu'il
lui plairait de prononcer. Natalie se hâta de rompre l'entretien,
en prenant le bras de son frère,
pour descendre au jardin. Eliska
les y suivit avec l'aumônier ; et
Lothario monta chez son ami
Alfred, dont on lui avait décrit
l'état en peu de mots.

Alfred le reçut avec un air sombre qui ne lui était pas ordinaire ;
il regardait l'arrivée de ces trois
personnages comme la suite
d'une conspiration formée contre
son bonheur. « Non, je ne puis
vous le dissimuler, dit-il, à Lothario ; je ne vois que trop clai-
rement aujourd'hui que tous vos
projets mystérieux tendent à di-
viser ce qui est uni, et à unir
ce qui est divisé. Tout profanes

qu'ils sont, nos yeux peuvent vous pénétrer. »

» Puisque vous prenez les choses du côté grave, reprit en riant Lothario, je trouve actuellement très-divertissant de vous avouer que tout ce que vous avez vu dans la grande tour, n'est que le faible reste d'un établissement de notre jeunesse. Nos initiés furent, peut-être, jadis de bonne foi, mais maintenant ces profonds mystères sont pour eux, ce qu'ils étaient pour les augures de l'ancienne Rome, qui ne pouvaient se regarder sans rire. »

Alfred devint plus sombre encore, et soupira profondément.

« N'allez cependant pas vous imaginer, continua Lothario, que tout ce qui vous est arrivé dans

votre séance de réception , soit
pure frivolité. Le rouleau de par-
chemin que vous avez reçu , con-
tient d'excellentes choses. Croyez-
moi , c'est une amulette qui ne
doit jamais vous quitter. Depuis
long-tems nous vous avons fait
observer par nos agens secrets ,
nous avons cherché à vous détourner de la voie de perdition ,
et à dessiller vos yeux. Je ne vous
en citerai qu'une preuve : le théâtre devait être pour vous la source de continuelles infortunes ;
nous n'avons rien négligé pour
vous en inspirer le dégoût. Rappe-
lez - vous seulement ce qui vous
arriva, lors de la représentation
d'Hamlet. »

—» Quoi ! vous sauriez ! — Ce
fantôme qui parut d'une manière

si étrange; ce voile qu'il me laissa ; cette devise qui me pressait
de fuir.... Tout cela vous serait
connu! Oh ! ne me faites pas
languir plus long-tems ! que je
puisse enfin pénétrer un secret
qui m'a tant tourmenté ! »

— «Tout ce que je puis vous
dire, c'est que l'abbé est plus en
état que moi de vous satisfaire,
et si vous vous souvenez des traits
du fantôme.... »

— « Oui, vous avez raison,
c'est lui, ce ne peut être autre
que lui... »

— « Ou son frère jumeau, qui
a une extrême ressemblance avec
lui ; j'ignore moi-même lequel
des deux. Au reste, nous al-
lons rejoindre la société à la
promenade, et je vous aiderai

à faire expliquer le mystérieux abbé. »

Alfred, non sans peine, consentit à descendre. Dans ce moment arriva un courrier, qui demanda à remettre une lettre très-pressée entre les mains du comte Léopold. Lothario se disposait à l'aller chercher, quand il l'aperçut revenant des jardins avec les dames et l'abbé. Le courrier portait une livrée brillante; son air actif et intelligent, attira l'attention d'Alfred, qui ne tarda pas à se ressouvenir de l'avoir vu dans ses voyages. Il ne se trompait point; c'était le même homme qu'il avait expédié à la recherche de Clotilde et du jeune officier, si ressemblant à Adolphine. Depuis son départ,

il n'en avait jamais entendu
parler.

Il allait l'interroger, le comte
entra; le courrier lui remit ses
dépêches.

CHAPITRE IV.

LE comte parcourut sa lettre
à plusieurs reprises, et avec une
émotion sensible; puis il demanda au courrier le nom de son
maître.

« C'est de toutes les questions
que pourrait me faire monsieur
le comte, répondit-il, celle
à laquelle j'aurais le plus de
peine à satisfaire. Je ne puis
fournir d'autres renseignemens,
que ceux contenus dans les papiers que j'ai eu l'honneur de lui
remettre. »

« Quoi qu'il en soit, dit Léopold, votre maître est libre de se

présenter ici , et il sera toujours
bien reçu. »

« Il ne se fera pas attendre ,
répliqua le domestique , en se
retirant. »

A peine était-il passé dans l'an-
ti-chambre , qu'un jeune homme
de l'extérieur le plus agréable ,
s'avança vers les dames avec une
profonde inclination. «Ciel ! s'é-
cria Natalie , en tombant dans
ses bras , c'est mon frère ! C'est
ce cher et cruel Ernest , qui nous
avait tous oubliés ! »

Lorsqu'Ernest eut été embras-
sé cent fois par tous ses amis ,
lorsqu'il eut répondu aux mille
questions qui lui furent faites en
un quart d'heure , il se tourna
vers Alfred , et le regarda très-
attentivement.

« Serait-il vrai? dit-il enfin avec
un accent emphatique, est-ce
vous que je retrouve, vous qu'il
m'étonne plus de voir ici que d'y
voir les pyramides d'Egypte, où
le mont Atlas? Vous avez été mon
ami, mon bienfaiteur; quoique
je n'aie point paru reconnaissant
de vos bontés, vous m'en avez
comblé; vous avez été envers moi
magnanime comme Scipion, clé-
ment comme César, libéral comme Alexandre. Loin d'amasser
des charbons ardens sur la tête
de vos ennemis, quand ils vous
enlèvent la bien-aimée de votre
cœur, vous envoyez après eux des
serviteurs fidèles, de peur que
leurs pieds ne heurtent contre la
pierre d'achoppement. »

Ce style oriental parut fort

étrange à tous les assistans ;
Natalie commençait à craindre
que son pauvre frère n'eût perdu le bon sens dans ses longs
voyages. Ernest s'aperçut de son
étonnement. « Tu es surprise,
ma petite sœur, lui dit-il, de
mes expressions pompeuses ,
mais elles sont devenues une
habitude pour moi. Si tu savais
la vie que j'ai menée, les gens
que j'ai fréquentés ! Mais nous
nous entretiendrons à loisir de
toutes mes aventures. »

Natalie confia ses appréhen-
sions et sa douleur à sa tendre
Eliska. « Cette bizarre gaîté, dit-
elle, n'est point naturelle à mon
cher Ernest; son esprit est affecté,
égaré, par quelque sinistre idée. »

Eliska chercha à la rassurér,

quoique portant au fond le même
jugement qu'elle. Ernest prit Alfred par le bras, et le pria de le
conduire à sa chambre.

Le premier objet qui y frappa
ses regards, fut le petit couteau
de toilette de Clotilde, avec la
devise : *Pensez à moi.* Il plaisan-
ta Alfred sur le soin avec lequel
il conservait ce gage de la tendresse de la plus volage des femmes. « Vous connaissez Clotilde ? » lui dit Alfred.

« Qui ne la connaît pas ? » répondit le jeune homme, en riant
aux éclats, tandis que ses yeux
se remplissaient de larmes. Oui,
oui, je l'ai connue, je vous ai
connu aussi, et je ne sais à quel
point votre cœur se serait en-
flammé pour elle, lorsque le jeune

officier, en uniforme écarlate ,
ce rival que vous prîtes pour
votre Adolphine , vint vous l'enlever. »

« Ah ! que me rappelez-vous?
s'écria Alfred ; que cette erreur
m'a fait souffrir ! parlez , quel
était cet officier ? »

— « C'était moi. »

— « Vous ! Que ne vous fe-
siez-vous connaître? Je vous aurais pardonné d'enlever Clotilde ,
mais je ne puis trop vous reprocher d'avoir prolongé ma cruelle
incertitude. »

— « Dans le fait , je n'ai rien
négligé pour me soustraire à vos
recherches. Comment trouvez-
vous mon adresse à retenir près
de moi le courrier que vous aviez
détaché à notre poursuite? Il ne

m'a point quitté depuis ce mo-
ment-là. »

    — « Et Clotilde ? »

    — « Clotilde m'aime à en per-
dre la raison, et court risque,
comme la tendre et constante
Clytie, d'être métamorphosée en
une fleur, dont je serai le soleil.
Au reste, vous ne pourrez jamais,
sans ingratitude, cesser de prendre intérêt à elle. Si vous doutiez
du sentiment très-particulier
qu'elle vous avait voué, rappelez-
vous une certaine nuit où un
être inconnu vint vous rendre
visite. »

    — « Eh bien ! c'était....? »

    — « C'était Clotilde. »

    « C'était Clotilde ! » répétait
Alfred, d'une voix émue ; et il
pensa aussitôt à la malheureuse

petite Fanfan, qu'une passion
insurmontable avait mise au tombeau, après avoir vu triompher
toutes ses rivales tour-à-tour. La
plus noire mélancolie allait s'em-
parer de lui, quand l'abbé vint
dire quelques mots à l'oreille du
jeune Ernest. Celui-ci prit la main
d'Alfred, ils redescendirent ensemble au salon, où les dames,
le comte et Lothario étaient réunis. Ils s'entrétenaient avec une
vivacité extrême, et se turent dès
qu'ils aperçurent les jeunes-gens.

CHAPITRE V.

Lorsque tout le monde eut pris place : Nous avons annoncé, dit l'abbé, qu'Eliska n'était point la fille de madame de Lobwitz, sa mère prétendue ; il faut aujourd'hui en fournir les preuves. »

Eliska se leva , jeta un regard inquiet autour d'elle, et s'éloigna précipitamment ; personne ne tenta de la retenir.

« Madame de Lobwitz, reprit l'abbé, dans les premières années de son mariage, vivait avec son époux dans la meilleure intelligence. Une seule peine altérait leur félicité , c'est qu'elle ne

mettait au monde que des enfans morts. Au troisième , les
plus habiles médecins déclarèrent
que le suivant coûterait infailli-
blement la vie à sa mère. Madame de Lobwitz, de ce moment,
chercha dans la culture des arts,
dans une certaine représentation,
dans les jouissances de la vanité,
un dédommagement aux dou-
ceurs de la maternité, auxquelles
elle ne pouvait plus prétendre.

» Ce fut dans ce tems qu'elle
prit, pour diriger sa maison, une
jeune femme dont la beauté noble , les manières et les expressions décentes, annonçaient une
origine et une éducation distin-
guée. Peu à peu M. de Lobwitz
conçut une affection fort tendre
pour l'intéressante Clémentine ;

sa femme s'en aperçut, et n'en eut point l'air mortifié. Clémentine s'y montra sensible, et n'était pas peu surprise de ce que sa maîtresse, toutes les fois qu'elle se trouvait seule avec elle, ne manquait jamais de lui vanter l'amabilité, la douceur de M. de Lobwitz. Assez disposée à écouter son inclination naturelle, Clémentine ne put y résister plus long-tems, quand elle observa que tout se réunissait pour la favoriser. Son amant devenait aussi de jour en jour plus empressé, et madame de Lobwitz ne tarda pas à découvrir que cette liaison avait des résultats non équivoques. Encouragée par les avances et les promesses de sa maîtresse, Clémentine elle-même lui fit l'aveu sincère de la position où elle se trouvait.

» Madame de Lobwitz disposa tout alors pour l'exécution d'un plan , qu'elle méditait en silence depuis quelques mois. Elle avait un vieil oncle , qui , par une bizarrerie assez singulière dans un célibataire , avait declaré qu'il ne lui laisserait son immense fortune , que si elle avait enfin un enfant vivant. Cet oncle , épris du beau climat de la France méridionale , était allé s'y établir, dans l'intention d'y finir ses jours. Il était donc plus facile de lui en imposer, que s'il eût habité le même pays que sa nièce.

» Madame de Lobwitz ne fit pas mystère de ses intentions à

son mari et à Clémentine. Ils
étaient coupables, ils se sou-
mirent, sans résistance, à ses
volontés. Il fut arrangé sur-le-
champ qu'elle allait se déclarer grosse de plusieurs mois ;
que l'on prendrait toutes les pré-
cautions pour que Clémentine
dérobât son état à tous les yeux,
et pour que son enfant fût reconnu appartenir à madame de Lobwitz.

» Tout se passa selon ses dé-
sirs ; un médecin adroit, gagné
par ses énormes largesses, se
prêta à tout ce qu'on exigea de
lui. Eliska vint au monde, et
tout le canton vint apporter ses
félicitations et ses hommages au
château de Lobwitz. La nouvelle
en fut aussitôt mandée au vieil

oncle , qui, dans les transports
de sa joie, attesta le ciel que tout
ce qu'il possédait , serait le
partage de sa tendre nièce. Il
exprimait le désir de la voir encore une fois; et la tendre nièce,
qui trouvait une occasion de faire
le voyage de France, résolut d'aller prendre connaissance de la
succession que son heureuse
intrigue lui assurait. Peu de
tems s'était écoulé depuis la naissance d'Eliska ; sa mère, la malheureuse Clémentine, mourut
tout à coup. Cet événement sinistre , fit concevoir à M. de Lobwitz des soupçons que toutes les
apparences semblaient autoriser;
il refusa de remonter aux éclair-
cissemens, mais de cette époque,
il eut sa femme en horreur , et

la petite Eliska ne lui en devint
que plus chère. La tendresse qu'il
lui témoignait en toute circonstance , tourna bientôt au préju-
dice de l'aimable enfant. Madame de Lobwitz, irritée de la cons-
tance avec laquelle son mari conservait la mémoire de sa rivale ,
fit tomber tout le poids de sa
jalouse humeur sur l'innocente
Eliska.

» Lié par des sermens effroya-
bles , asservi par une femme im-
périeuse, le malheureux père osait
à peine protéger sa fille. Le voyage de sa persécutrice , en France ,
lui fesait espérer de pouvoir enfin
se livrer sans contrainte, à l'inap-
préciable douceur de l'amour pa-
ternel , lorsque la mort vint enlever à la jeune Eliska le seul appui

qui lui restât sur la terre. Il expira avant d'avoir pu lui révéler le
secret de sa naissance. »

» Voilà des papiers, ajouta l'abbé, en ouvrant son porte-feuille,
qui constatent de la manière
la plus authentique, la vérité
des faits que je viens de rapporter. »

Il se fit un grand silence; Natalie prit les papiers, et tout le
monde se retira.

CHAPITRE VI.

CEPENDANT Lothario ne laissait échapper aucune occasion d'entretenir Alfred en particulier, et de le presser de prendre une résolution définitive. Le cœur du jeune homme était en proie à l'inquiétude et aux regrets; il lui semblait qu'Eliska avait déjà prononcé en faveur de son rival, par la réserve qu'elle mettait dans sa conduite envers lui-même, réserve qui contrastait d'une manière si pénible, avec la bienveillance, qu'elle n'avait point hésité à lui témoigner jusqu'à ce moment. Mais l'idée de posséder une

femme malgré elle, ou du moins
sans son libre et parfait consen-
tement, répugnait à la délicatesse
de ses principes. Il voulait qu'E-
liska jugeât seule les droits du
comte et les siens.

Les jours s'écoulaient, et la
douloureuse situation, où se trou-
vaient les deux prétendans, était
toujours la même. Un matin,
Natalie, Lothario et Alfred,
étaient rassemblés après le déjeûner; Natalie demanda à Lothario
la cause de son air pensif.

« J'ai effectivement sujet de
penser, répondit-il. Vous me connaissez depuis long-tems un projet que je suis à la veille d'exé-
cuter : je ferai d'autant moins de
difficulté de m'en expliquer devant notre jeune ami, qu'il ne

tient qu'à lui d'y prendre part. En
un mot, je suis sur le point de
m'embarquer pour l'Amérique.»

« Pour l'Amérique ? » répéta
Alfred, en souriant; c'est un dessein que je ne vous aurais point
soupçonné ; et moins encore celui de me choisir pour compagnon de voyage. »

« Nous avons mis des fonds
en société, ajouta Lothario, pour
former de vastes établissemens
dans le Nouveau - Monde. Un
jeune homme ne saurait trop apprécier les occasions et l'utilité
des grands voyages ; venez avec
moi. »

Alfred garda le silence quelques instans, puis, se rappro-
chant de Lothario : « dès qu'E-
liska m'aura formellement pro-

noncé mon arrêt, dit-il, je vous
suis au bout de l'univers. »

« Et moi, s'écria le jeune Ernest, qui les écoutait furtive-
ment, pour peu que vous m'en
priez, je suis des vôtres. »

Lothario secoua la têté.

« Pourquoi n'en vaudrais-je
pas un autre, ajouta-t-il ? il vous
faut des gens, dans votre colo-
nie, qui entretiennent la bonne
humeur et l'intelligence générale. Je vous y mènerais une jeune
et jolie femme : que voulez-vous
que devienne désormais la pauvre Lydia ? »

« Vous prenez d'elle un soin
trop officieux, répliqua laconi-
quement Lothario ; j'ai songé à
elle, avant vous. »

— « Qu'en faites-vous donc ? »

— « Je l'épouse. »

— « Je vous avoue, dit Natalie, fort étonnée, que je vous
trouve bien singulier et bien har-
di, de vouloir vous attacher une
femme, dans le moment où elle
est toute entière à l'amour qu'un
autre homme lui a inspiré. »

« Elle sera à moi, sous une
certaine condition, répondit Lothario. Croyez-moi, il n'y a rien
de plus précieux, sur la terre,
qu'un cœur susceptible d'amour
et de passion. Que ce cœur ait
aimé, qu'il aime encore, peu im-
porte; l'amour, dont un autre
est l'objet, m'est, pour ainsi dire,
plus intéressant que celui que
j'exciterais moi-même. J'admire
l'énergie, la pureté d'une passion
véritable, sans que mes yeux

soient éblouis ou fascinés par
l'amour-propre. »

Natalie lui demanda s'il avait
parlé à Lydia depuis les derniers
événemens ; Lothario sourit, et
la pria de croire qu'il avait pris
tous ses arrangemens avec elle.

L'abbé survint dans cet instant ; il avait une lettre à la main.
« Je suis ravi de vous trouver as-
semblés, dit-il, vous allez tous
prononcer sur une proposition
que j'ai à faire à notre cher Alfred. Le marquis Cipriani arrive
ici au premier jour. De là, son
projet est de visiter toute l'Allemagne, en détail; comme il ne
sait la langue que très-imparfai-
tement, il desirerait fort avoir
un compagnon de voyage instruit
et aimable, qui voulût se char-

ger de le diriger dans sa route.
Notre jeune ami est, en tout, la
personne qui convient au marquis; peut-il, sans déraison, refuser de l'accompagner? »

Lothario se hâta d'appuyer la
proposition de l'abbé, comme
s'il eût oublié celle qu'il venait
de faire lui-même ; Natalie ne
s'expliquait point; Alfred se sentit profondément affligé, en son-
geant que l'on cherchait tous les
moyens quelconques de se défaire
de lui. Il demanda le tems de se
livrer à de mûres réflexions : on
lui signifia qu'il fallait se décider dans le plus court délai possible.

« Pourrai-je emmener Félix
avec moi? » dit-il, avec un sou-
pir, et les larmes aux yeux.

« Je doute que vous puissiez l'obtenir , répondit froidement l'abbé.

« Eh bien ! s'écria le jeune homme , pourquoi irais-je me sacrifier tout entier à un inconnu, qui ne peut rien pour mon bonheur ? Hélas ! il est tems, bien plutôt, que je rompe des entraves, que ma faiblesse n'eût jamais dû se laisser imposer. »

CHAPITRE VII.

ALFRED avait observé, en se
retirant, que les regards de Natalie ne s'étaient point détournés
de dessus lui ; il y avait lu l'intérêt profond qu'elle prenait à sa
douloureuse situation.

« Oui, se dit-il à lui-même,
dès qu'il fut seul, ne tente pas
de te le dissimuler, tu l'aimes !
tu l'aimes autant que l'on peut
aimer ! j'avais donné mon cœur
à Adolphine, elle ne le méritait
pas ; Clotilde voulut l'asservir,
et se fit dédaigner ; je l'ai offert
à Eliska, et je commence à croire
que l'estime, l'amour du repos,

la tendresse paternelle, m'avaient
fait illusion sur mes véritables
sentimens. Le premier regard de
la ravissante amazone avait déjà
disposé de ma personne et de ma
destinée. »

Le petit Félix entra chez lui
en sautant et en chantant ; il le
prit dans ses bras , il le serra
contre son sein. « Non , non , on
ne nous séparera pas, » s'écria-
t-il avec force.

Il passa une nuit fort agitée.
Le lendemain matin , il écrivit
une longue lettre à son ami Werner. Il avait pris la résolution de
parcourir l'Europe avec son enfant , jusqu'à ce qu'il pût voir
clair dans le fond de son âme. Il
demandait à son ami des lettres
de crédit, et des instructions sur

3.

leurs affaires communes , avec
diverses maisons de commerce.
Il était trop irrité contre tous les
habitans du château , pour leur
faire part de son dessein. Natalie fut la seule à qui il le com-
muniqua.

Elle avoua que toutes les circonstances, toutes les considéra-
tions réunies, lui imposaient la
loi de s'éloigner. Quelque sensible que lui fut cette indifférence
apparente, il éprouva cependant
une certaine satisfaction de se
trouver d'accord avec la personne
dont il fesait le plus de cas sur la
terre. Natalie lui indiqua plusieurs villes , où il était sûr d'é-
prouver l'accueil le plus favora-
ble de quelques amies, auxquelles elle l'adresserait.

Rien n'était capable néanmoins
de déterminer Alfred à se mettre
en route, avant d'avoir vu sa
chère Fanfan, ou du moins d'a-
voir appris dans quel état il la
laissait. Il fallut que Natalie em-
ployât toute son adresse, tout
son ascendant sur lui, pour lui
révéler le terrible secret de la
mort de cette infortunée créature.
« Il faut partir, il faut fuir! »
dit-il d'une voix étouffée, et ce
fut toute sa réponse à cette fatale
nouvelle.

On lui remit une lettre du curé,
concernant le malheureux Adalbert. Le vieillard avait été très-
près de sa guérison, et était retombé dans une démence plus
déplorable que la première. Le
pasteur desirait revoir Alfred, et

sa lettre fut un surcroît aux peines du jeune homme.

L'abbé annonça avec emphase l'arrivée du marquis Cipriani, qui parut aussitôt, et vint saluer Natalie. C'était un homme do quarante à cinquante ans, d'une fort belle figure ; ses manières étaient à la fois nobles et aisées; il était admirateur passionné des beaux-arts. Le soir même, Natalie et Eliska firent de la musique et chantèrent devant lui ; le lendemain, il parcourut la galerie de tableaux , et visita le cabinet d'histoire naturelle. Alfred , quoique plongé dans la mélancolie, fut frappé de la justesse de ses éloges et de sa critique, il sentit son goût naturel pour le beau se réveiller; il rechercha le marquis, ils eurent ensemble plusieurs conversations, où ils trouvèrent occasion de s'admirer réciproquement.

———————

CHAPITRE VIII.

Les Italiens ont en général, la prétention de surpasser toutes les nations civilisées dans leur amour pour les arts ; tout homme livré à une partie quelconque, veut porter le titre de professeur, de maître, ou du moins d'artiste (1).

Le marquis Cipriani, quoiqu'assez modeste par lui-même,

---

(1) Quand l'auteur reprochait aux Italiens, ce ridicule, il ne prévoyait pas qu'il viendrait un tems en France, où un barbouilleur d'enseignes, serait un *artiste* comme DAVID, où le baladin du boulevard, serait un *artiste* comme MOLÉ.

(*Note du traducteur.*)

était tellement persuadé de la prééminence de ses compatriotes, qu'il ne pouvait supposer que des demi-notions aux autres peuples de l'Europe. Il ne dissimulait pas sa façon de penser à cet égard, et sa surprise fut extrême en voyant combien Alfred était loin de la partager.

« Si un Français et un Anglais vous écoutaient, dit le jeune homme, je ne doute pas qu'ils ne défendissent leurs patries avec avantage; pour moi je me sens tout disposé à combattre pour la mienne. Je suis très-éloigné de méconnaître les services éclatans que vos ancêtres ont rendus aux arts et aux lettres, qu'ils ont sauvés d'une ruine totale ; mais si la justice exige que nous nous re-

gardions comme leurs disciples,
elle ne prétend pas que nous
conservions la même humilité
envers leurs descendans. Il semble que vous vous reposiez dans
le souvenir de ce que vous fûtes
jadis; vous avez cessé de produire
dès que la France et l'Angleterre
sont entrées dans la lice. Qu'avez-
vous fait depuis que Corneille,
Racine, et Voltaire, ont enfanté
leurs chefs-d'œuvre, depuis que
Dryden, Pope, Thompson, ont
prouvé que le feu du génie s'allu-
mait sous un ciel nébuleux, comme sous votre heureux climat?»

« Nos Germains, il est vrai,
se sont réveillés plus tard, mais
ils marchent à pas de géant dans
la carrière où les ont précédés
leurs voisins. Il y a un siècle, nous

n'écrivions point encore, et aujourd'hui n'avons-nous pas nos Klopstock, nos Wieland, nos Schiller (1)? La musique est de tous les arts le seul qui, chez vous, ait marché vers son perfectionnement, tandis que tous les autres laissaient apercevoir des signes de décadence; c'est celui où vous prétendez exceller, et déjà il ne vous est plus permis de vous y égaler à nous. Où sont vos Gluck, vos Haydn, vos Mozart? Ce dernier, quand il a voulu s'exercer dans un genre qui

_____

(1) Goëthe ne pouvait se nommer lui-même; mais l'Allemagne et l'Europe savante, lui ont, dès long-tems, assigné un rang parmi les écrivains dont s'honore sa patrie. Il est peu de genres où il n'ait obtenu de grands succès.

vous semblait propre, vous a
bientôt laissés tous derrière lui,
et vous ne pourriez faire un pas
dans la vaste carrière qu'ont ouverte les deux autres (1). »

Le marquis Cipriani essaya de

---

(1) Si la meilleure musique est celle qui offre
la plus heureuse combinaison de mélodie et
d'harmonie, il n'existe point de moyens de con-
tester la supériorité de MOZART, sur tous les
compositeurs italiens. Il a constamment plus
d'harmonie qu'eux, ce qui, certes, n'est pas
difficile à croire ; mais ce qu'on n'observe point
assez, c'est que ses chants sont plus frais, plus
piquans, plus originaux. Tout amateur, éclairé
et vrai, avouera que, si après avoir suivi pendant quelque tems les chefs-d'œuvre de MOZART,
on entend un opéra purement italien, l'oreille
éprouve un vide dont elle s'afflige ; l'orchestre
semble réduit de moitié, il languit, il est froid ;
on y cherche, en vain, ces traits brillans qu'y
sème le génie allemand, sans jamais fatiguer.

Quant à GLUCK, à HAYDN, ces deux pères
de l'harmonie, l'italien toujours léger, rarement
vigoureux, l'italien, qui n'a jamais pu enfanter

répondre à Alfred, mais ne sentant que trop, lui-même, l'avantage qu'une telle thèse donnait

---

un beau morceau de musique instrumentale, ne peut pas même supporter la comparaison avec ces grands maîtres.

Telle est cependant la force des vieux préjugés, que nombre de gens, en France, croient devoir fléchir le genou devant un compositeur, dès que son nom se termine en *i* ou en *o*. Croira-t-on quelque jour, quand nous serons vraiment musiciens, qu'un journaliste, obligé de confesser le succès très-mérité de l'*Irato* de MÉHUL, osa adresser à l'auteur, ces grossières et absurdes paroles : *Puisque tu peux être Paësiello, cesse donc d'être Méhul?* — Si le public pouvait adopter l'opinion d'un folliculaire, apologiste intrépide du mauvais goût, comme ennemi acharné de tout talent ; si MÉHUL pouvait sacrifier son génie aux caprices de la multitude, que deviendrait l'art musical parmi nous? nos tragédies lyriques ne tarderaient pas à dégénérer en vaudevilles. Quand RACINE fit *les Plaideurs*, sans doute, quelque *feuilletonnier* du tems lui cria d'être toujours *Aristophane*, et de ne plus être RACINE.

Honneur soit au charmant compositeur dont

au jeune homme, sur lui, il
cherchait à lui échapper, quand
l'abbé vint les prier d'assister à

Naples s'enorgueillit, mais aussi, gloire immor-
telle au génie français, qui journellement illustre
sa patrie et son art par des chefs - d'œuvre, grâce
auxquels nous n'avons plus rien à envier à nos
voisins. Méhul, quand il le voudra, fera une
Molinara, une *Pazza d'amore*, un *Re Teodoro*;
jamais *Paësiello*, jamais compositeur italien ne
fera *Stratonice*, *Ariodant*, *Phrosine et Mélidor*,
Adrien, etc., productions sublimes, où respire
toute l'énergie de l'école allemande. CHERUBINI
serait-il devenu ce qu'il est aujourd'hui? aurait-il
fait *Lodoïska*, *Médée*, *les deux Journées*, s'il
s'en fût tenu à la manière purement italienne, s'il
n'eût acquis, par l'étude des grands maîtres alle-
mands, cette richesse d'harmonie qui le place
parmi les premiers compositeurs de l'Europe?
    On peut appliquer à l'Italie dégénérée, ce que
le Tasse a dit d'une de nos provinces:

> *La terra molle e lieta e dilettosa,*
> *Simili a se gli abitator produce.*
>
> Ger. lib. Canto 1. st. 62.

(*Note du traducteur.*)

une cérémonie qui allait avoir
lieu dans le temple du repos.
C'était cette partie du château où
Natalie avait fait voir à Alfred
une salle voûtée, garnie de sarcophages. Toute la société y était
déjà réunie; la décoration en était
nouvelle, de longues draperies
bleu de ciel, relevées par des
franges et des glands d'argent,
couvraient presqu'entièrement
les murs. Une grande quantité
de candelabres formait une illu-
mination brillante, autour d'un
lit de parade placé au milieu;
quatre jeunes garçons et autant
de jeunes filles, vêtues à la grec-
que, brûlaient des parfums et
agitaient des éventails de plume
autour d'un corps étendu sur le
lit.

Dès que chacùn eut prit la place que lui indiqua l'abbé, deux chœurs de voix mélodieuses, cachés dans le cintre, commencèrent à chanter alternativement les charmes de la vie, lorsque l'amour en embellit tous les momens, et les bienfaits de la mort, lorsqu'on ne connaît sur la terre que la douleur et les regrets. A la fin de chaque strophe, une harmonica fesait retentir les voûtes de sons plaintifs et doux, qui disposaient les cœurs à l'attendrissement. Les voix et la musique se turent; l'abbé monta sur une estrade placée derrrière le lit de parade :

« La jeune créature à laquelle nous rendons ici les derniers devoirs, dit-il, nous est totalement

inconnue. Nous ignorons quelle
était sa patrie, quels étaient ses
parens, à peine pouvons-nous
déterminer son âge. Tout en elle
fut un mystère impénétrable,
hors sa constante passion pour
l'homme généreux qui l'arracha
des mains d'un barbare. Ce feu
secret et indomptable a dévoré sa
vie dans sa fleur, toutes les ressources de l'art n'ont pu la soustraire à une mort prématurée ;
mais l'amitié, du moins, saura
disputer à la tombe ses restes
précieux ; la beauté sourit encore
sur cette figure glacée. »

A ces mots, il souleva le voile
de crêpe qui la recouvrait, et la
charmante Fanfan parut à tous
les regards, plus ravissante que
jamais. Des roses couronnaient

sa tête, des guirlandes de fleurs
relevaient l'éblouissante blan-
cheur de ses vêtemens. Tous les
assistans s'empressaient autour
d'elle ; on eût dit qu'ils atten-
daient son réveil. Alfred avait
attaché sur elle des yeux fixes et
hagards : « Est-ce toi, Fanfan,
est-ce toi? » disait-il d'une voix
étouffée.

Cependant le marquis s'était
approché le plus près possible de
ce corps inanimé, pour admirer
l'art merveilleux qui avait présidé
à une injection aussi rare. «Serait-
il vrai? s'écriat-il tout à coup, serait-il possible? ma chère Juliette,
ma pauvre petite nièce? »

On l'entoura, on le questionna :
«Oui, c'est elle, répéta-t-il, c'est
notre aimable Juliette, que nous

croyions là proie des flots, que nous pleurons depuis long-tems.»

Ses larmes l'empêchèrent d'en dire davantage ; l'abbé avait rejeté le voile sur le corps. Natalia s'empara du marquis ; Eliska et Léopold aidèrent Alfred à s'éloigner de ce douloureux spectacle.

III   4

CHAPITRE IX.

UN événement aussi extraordinaire avait vivement excité la
curiosité et l'intérêt de tous les
habitans du château. Le lendemain, dès que le marquis eut
recouvré quelque calme, il céda
à l'empressement général, et fit
à ses amis rassemblés, le récit
suivant :

« Avant de vous faire connaître
la jeune infortunée dont nous
avons célébré hier les obsèques,
je dois vous entretenir quelques
instans de ma famille, puisque
c'est parmi elle que Juliette reçut
la naissance. »

« Mon père possédait à la fois
toutes les qualités qui constituent
l'homme d'état, et celles que l'on
chérit dans un père. Il avait des-
tiné mon frère aîné à être l'héritier de la plus grande partie de
ses biens, moi à l'état ecclésias-
tique, et le plus jeune au métier
des armes. Domenico, (c'était
le nom de ce dernier), avait annoncé dès l'enfance un caractère
porté à la méditation, à l'étude
des sciences, de la musique et
de la poésie. Des dispositions
totalement différentes me firent
desirer qu'il me fût permis de
changer d'état avec lui, et mon
père, non sans quelque peine, se
prêta à ce nouvel arrangement. »

« Il s'était entièrement retiré
du monde, où il avait occupé les

postes les plus éclatans. Le seul
être vivant qu'il admit dans son
château, était un vieil ami, veuf
comme lui, et avec lequel il avait
fait toutes ses campagnes. Cet
ami était presque toujours avec
sa fille, jeune personne d'une
beauté rare. Mon père, en mourant, leur fit un legs considérable. La charmante Sperata devint
un parti des plus brillans, sous
tous les rapports. Mon frère aîné
m'engagea à rechercher sa main;
mais mon cœur déjà n'était plus
à moi. »

« Cependant Domenico, livré
sans nulle distraction à la piété
contemplative, s'était cru appelé
à la vie des cloîtres; et malgré
toutes nos représentations, il
avait pris l'habit de moine, dans

un couvent situé dans une petite
île du lac de Côme. Deux ans ne
s'étaientpasencoreécoulésdepuis
qu'il habitait cette retraite, lorsqu'il nous fit l'aveu de ses regrets
tardifs, et de son violent desir de
recouvrer sa liberté. Ses lettres
se succédaient rapidement, il
nous suppliait de mettre tout
en œuvre pour le faire relever de
ses vœux, et il finit par nous déclarer qu'il ne lui était plus possible de vivre loin de Sperata. »

« Touchés de l'état de désespoir auquel il était réduit, nous
consultâmes le père Giovanni,
ancien aumônier de mon père.
Dans une foule de circonstances,
il nous avait donné des preuves
du zèle le plus sincère; nous fû-
mes surpris et affligés de la froi-

deur avec laquelle il nous écouta.
Domenico devenant toujours plus
pressant, nous redoublâmes nos
instances auprès de notre vieil
ami; il nous révéla un secret qu'il
ne pouvait plus nous cacher sans
danger. »

« Sperata était notre sœur; elle
était née du même père et de la
même mère que nous. Nos parens, qui, depuis long-tems, n'a-
vaient eu d'enfans, par une faiblesse inexplicable, craignirent
de devenir l'objet du ridicule; et
pour dérober à tous les regards
ce dernier fruit de leur union,
ils employèrent toutes les précau-
tions que prendraient deux amans
en pareil cas. L'enfant fut porté
secrètement chez l'ancien cama-
rade de mon père, qui ne fit

nulle difficulté de la donner
pour sa fille. L'aumônier et lui
furent les seuls admis à cette im-
portante confidence : le père
Giovanni s'était seulement ré-
servé la faculté de découvrir le
mystère, dans une conjoncture
urgente. »

« Après la mort de son père
putatif, Sperata était restée sous
la garde d'une vieille gouvernante. Nous savions que Domenico
lui avait fait de fréquentes visites, pour lui donner des leçons de
harpe et de chant. Toutes nos réflexions nous convaincant de la
nécessité de lui dévoiler l'étrange
position où il se trouvait, nous
obtînmes qu'il lui serait permis
de venir passer quelque tems au
château de mon frère, pour le

rétablissement de sa santé, qui
dépérissait visiblement. »

« Nous prîmes tous les ména-
gemens possibles pour l'instruire;
nous aurions pu nous les épar-
gner; nos discours ne produisi-
rent en lui qu'indignation et colère. «Avez-vous pu espérer, nous
dit-il, que j'ajouterais foi à une
fable aussi absurde ? Tous vos
efforts pour arracher Sperata de
mon cœur, seront vains; elle est
à moi pour la vie. Elle n'est point
ma sœur, elle est ma femme. »

« Qu'avez-vous à me reprocher?
ajouta-t-il, en voyant l'effroi peint
sur nos visages. Que prétendez-
vous? Sperata est ma femme, je
vous le répète, et dans ce moment
elle porte dans son sein, un gage
de notre mutuelle tendresse. »°

« Vainement essayâmes-nous de faire parler les institutions re‑ligieuses, les conventions socia‑les ; rien ne put ébranler son opiniâtreté. Il soutenait que la nature devait triompher des préjugés humains, et que l'er‑reur involontaire qu'il avait com‑mise, ne nous autorisait pas à lui enlever le seul objet qui l'atta‑chât à la vie. «Mais, pourquoi ces affreux débats? reprenait-il aussi‑tôt ; je ne vous crois pas, vous m'en imposez indignement.»

« Le bon père Giovanni se joi‑gnit à nous pour lui démontrer la vérité trop réelle de ce que nous avions annoncé ; on lui mit en‑tre les mains des lettres, des pa‑piers, qui convainquirent son in‑crédulité, sans réduire son cœur.

4.

« Sperata m'appartient, répétait-
il, je me suis donné à elle, rien ne
nous séparera, et je vais la rejoindre pour ne plus la quitter. »

« En effet, il chercha aussitôt
les moyens de se faire transpor-
ter sur la rive opposée, qu'habitait notre malheureuse sœur.
Nous parvînmes à le retenir, à
le ramener au château; nous lui
représentâmes, dans les termes
les plus tendres, l'effroyable péril
auquel il s'exposerait, en attirant
sur lui tout le poids de la ven-
geance monacale. Il devint plus
calme, et ce fut alors que les
premières impressions de la jeunesse revinrent assiéger son esprit. Il opposait au père Giovanni
une grande force de raisonne-
ment, une foule de citations ;

mais le seul nom d'incestueux,
jetait l'épouvante dans son âme,
et sans vouloir s'avouer criminel,
il était déjà la proie du remords.»

———

CHAPITRE X.

« L'INFORTUNÉ Domenico flottait depuis quelques jours dans ce
pénible état d'anxiété , lorsqu'un
matin nous trouvâmes son appartement vide, et une lettre sur sa
table. Il nous y déclarait que la
captivité où nous le retenions ,
justifiait sa fuite ; qu'il était allé
se réunir à sa Sperata , résolu à
tout braver pour s'en assurer la
possession. »

« Notre inquiétude était des
plus vives : le père Giovanni nous
rassura. Il avait fait surveiller
Domenico , et les bateliers auxquels il s'était adressé , au lieu

.de le passer de l'autre côté du lac,
le conduisirent à son monastère.
Accablé de lassitude, il avait dor-
mi pendant toute la traversée; il
ne se réveilla que lorsque les portes du cloître se refermèrent derrière lui. »

« Alarmés des suites fatales
que pouvait avoir, pour notre
malheureux frère, son retour for-
cé dans son couvent, nous conju-
râmes le père Giovanni de s'employer, sans délai, en sa faveur.
L'évêque, prélat vertueux et éclairé, ordonna que toute cette aventure fût ensevelie dans le plus
profond silence. D'accord avec
nous, il décida que Sperata con-
tinuerait d'ignorer que son mari
fût en même tems son frère. Le
bon père Giovanni alla la trouver;

il lui dit que Domenico était ab-
sent pour un certain tems , et
qu'il desirait qu'elle se prêtât à
tout ce que l'on exigerait d'elle ,
pour cacher sa grossesse et ses
couches. Elle mit au monde la
petite Juliette , et ne vécut plus
que pour cet enfant chéri. Comme
un grand nombre de jeunes personnes de nos contrées , Sperata
ne savait point écrire, et ne lisait
que dans un livre. Il fut facile à
notre confident de la tromper ,
et de l'engager , sans cesse , au
nom de son amant , à attendre
courageusement un avenir plus
heureux. »

« Sperata était portée naturellement à une dévotion profonde:
son état et la solitude fortifiaient
chaque jour en elle ce penchant.

Le père Giovanni sut en tirer parti, pour la préparer, par degrés,
à une séparation éternelle. Mal-
heureusement, il fut envoyé loin
de là, par ordre supérieur, et
Sperata se vit confiée à la direc-
tion d'un prêtre, qui ignorait
totalement l'art si difficile de conduire l'esprit, et de toucher le
cœur. Cet homme indiscret, dé-
truisit, en un instant, toutes les
illusions dont son sage prédéces-
seur avait entouré sa pupille,
pour lui voiler la profondeur de
l'abîme; il lui fit voir la foudre
allumée sur sa tête, et les sup-
plices éternels réservés à son
crime. Sperata tomba dans un
sombre désespoir; elle fit le serment de fuir à jamais l'amant
qu'elle adorait encore; et Ju-

liette , dont la vue et les caresses, l'avaient, jusqu'à cette
époque , consolée de toutes ses
peines , devint , aussitôt pour
elle , un objet de douleur et
d'effroi. »

» Cependant l'aimable enfant
croissait rapidement, et dénotait
déjà un caractère très-particulier.
Saisissant toutes les idées nouvelles, tous les genres d'instruc-
tion, avec une aptitude merveilleuse, elle était taciturne par
goût, et semblait, dès ses plus
tendres années, réfléchir sur son
étrange position. Au moment
où ses soins, ses caresses, auraient pu adoucir les souffrances
de sa mère, le barbare directeur
annonça que le ciel exigeait l'é-
loignement d'une créature née

du crime, et dont l'aspect rappelait le coupable auteur de ses jours. A cet horrible arrêt, Sperata sentit l'amour maternel se réveiller dans son cœur flétri ; elle pria, supplia : le prêtre fut inflexible, et la petite Juliette fut arrachée de ses bras. »

» Elle fut conduite chez d'honnêtes villageois, qui habitaient les bords du lac. Ils avaient plusieurs petits garçons ; Juliette fut habillée comme eux, et ne tarda pas à prendre toutes leurs manières. Elle les suivait dans leurs courses, sur la crête des rochers, et bientôt on fut accoutumé à la voir sortir seule pour aller se baigner dans le lac. Elle passait quelquefois la nuit à la pêche, avec des voisins, et ses parens adoptifs ne s'inquiétaient plus de ses fréquentes absences. »

« Il y avait plus d'un an qu'elle menait cette singulière vie, lorsqu'elle fut trois jours sans reparaître à la maison. On la chercha de tous côtés, et on ne trouva que son chapeau, qui flottait sur l'eau; on ne douta point qu'elle ne fût noyée, victime de son imprudence. »

« Le directeur de Sperata se hâta de lui apprendre cette nouvelle; la malheureuse mère se réjouit de ce que Dieu, en retirant sitôt son enfant de ce monde, lui épargnait une longue suite de calamités, qui menaçaient son existence. A cette occasion, quelques vieilles femmes renouvelèrent toutes les traditions popu-

laires, sur les propriétés du lac.
Elles prétendirent que tous les ans
il voulait faire sa proie d'un enfant innocent ; mais que ne souf-
frant point de cadavres dans son
sein, il le rejetait, au bout de
quelque tems, sur le rivage. Elles
racontèrent l'histoire d'une mère,
dont le fils s'était noyé dans le
lac, et qui le lui redemandait tous
les jours, à grands cris. Une violente tempête éclata, la tête de
l'enfant roula sur le sable, et
bientôt fut suivie de tous ses os-
semens, que la mère recueillit,
avec soin, dans un drap. Elle les
porta devant l'image de Saint-
Charles Boromée, et pendant
qu'elle fesait sa prière, tout à coup
le drap s'agite, se soulève, et
l'enfant saute, avec des cris de

joie, au cou de la trop heureuse mère. »

Sperata affaiblie par de longues douleurs, naturellement encline à la superstition, fut extrêmement frappée de cette histoire miraculeuse. Son esprit s'alluma, son imagination travailla, et bientôt elle se persuada que si elle pouvait obtenir du ciel, qu'il daignât opérer un tel prodige en sa faveur, il lui serait désormais permis de compter sur le pardon de son forfait, et sur la grâce de Domenico. »

Échauffée de cette idée, elle alla s'établir dans une cabane sur le bord du lac. Jamais le vent n'en agitait les flots, qu'elle ne s'attendît à voir paraître le corps de sa Juliette; elle

parcourait le rivage, elle l'arrosait
des ses larmes. Les habitans de
cette côte, loin d'insulter à son
délire, ne cessaient de lui témoigner le plus tendre intérêt. Les
enfans se joignaient à elle pour
faire la recherche des os qui
pourraient se trouver sur le sable;
elle les recueillait tous avec un
empressement religieux. »

CHAPITRE XI.

« CEPENDANT, nous n'avions point perdu de vue notre malheureux frère Domenico. Les médecins et les supérieurs de son monastère ne nous permettaient pas de paraître devant lui ; mais pour que nous n'eussions point de doutes sur son existence, on nous le fesait voir de loin, quand il se promenait dans les cloîtres ou dans les jardins. »

« Après plusieurs révolutions violentes dont je ne vous ferai point le tableau, il était tombé dans un état des plus extraordinaires : son esprit était parfaite-

ment calme, et son corps toujours
en mouvement. Il ne s'asseyait
jamais, que pour pincer de la
harpe et chanter des airs touchans
qu'il improvisait avec une facilité
merveilleuse. Du reste, il était
extrêmement docile et souple;
toutes ses passions semblaient
absorbées dans l'unique crainte
de la mort. On pouvait le déterminer à tout, en le menaçant
d'une maladie mortelle. »

« Outre cette singularité, il
paraissait profondément affecté
d'une apparition, dont il entrete-
nait sans cesse ses gardiens. Il
prétendait qu'à quelqu'heure de
la nuit qu'il se réveillât, il apercevait au pied de son lit un petit
garçon d'une figure ravissante,
armé d'un poignard dont il le

menaçait. Tous les raisonnemens
ne purent bannir cette chimère
de son esprit; sa démence fesait
des progrès manifestes. »

« Quant à Sperata, dont la
raison n'était guère moins éga-
rée, elle ne s'occupait plus d'autre chose que du soin de rassem-
bler ce qu'elle croyait les restes
de sa chère Juliette: elle était
uniquement livrée à l'espoir de
sa résurrection. Elle avait déposé
dans une cassette tous les os
qu'elle avait ramassés sur le rivage; sa vieille gouvernante, qui
ne la quittait pas, imagina de
les faire disparaître, pour lui faire
accroire que le miracle tant atten-
du était enfin opéré. »

« Cet artifice réussit complètement. » Non, ce n'est point un

songe, ce n'est point une illusion,
s'écria Sperata , ma Juliette est
rendue à la vie ! » La nuit suivante,
elle se leva tout à coup, elle appela , elle adressait la parole à
son enfant. Elle fesait admirer
sa beauté céleste. »

« Depuis ce moment , elle
parut détachée de la terre, ses
yeux se tenaient constamment
fermés , pas un mot ne sortait
de sa bouche ; on voyait seulement un doux sourire errer sur
ses lèvres. Ce fut dans cet état
d'extase qu'elle expira. Tous les
habitans des rives du lac la pro-
clamèrent sainte; ils se portaient
en foule sur sa tombe. »

« Le bruit des miracles qui s'y
opéraient retentit bientôt dans le
couvent du malheureux Dome-

III.   5

nico. Il avait l'air de ne faire attention à rien de ce qui se passait
autour de lui ; on se permit de
parler en sa présence de la mort
de Sperata, et de la réputation
qu'elle laissait dans tout le canton. Il avait tout écouté , tout
compris. Dès le lendemain il s'é-
vada, sans que l'on ait jamais pu
savoir les moyens qu'il avait em-
ployés. Ce n'est que par la suite
qu'on apprit qu'il s'était embar-
qué avec une grande multitude
de pélerins , qui se rendaient au
tombeau de la nouvelle sainte.
Quand il fut arrivé à la chapelle
où elle était déposée, il demanda
aux personnes qui y fesaient leur
prière, pourquoi on avait enfermé
Sperata sous la terre. »

« Croyez moi , disait-il, elle

n'est point morte, elle dort en m'attendant, je ne puis m'arrêter actuellement, parce que j'ai une longue route à faire, mais ayez-en soin jusqu'à ce qu'elle se réveille. »

« Il s'éloigna; depuis ce jour on ne l'a pas revu, et toutes nos recherches pour retrouver ses traces ont été infructueuses. Quelques amis ont prétendu qu'il avait été reconnu en traversant le pays des Grisons; si ce rapport est véritable, sans doute l'infortuné aura gagné l'Allemagne, et nous devons perdre l'espoir de le revoir jamais. »

CHAPITRE XII.

LE marquis s'était retiré : le silence général , les larmes qui paraissaient dans tous les yeux , montraient assez quelle impression son récit avait faite. L'abbé fut le premier qui exprima les sensations qu'il avait éprouvées , et observant à tout le cercle qu'il était actuellement démontré , pour eux , que Domenico et Adalbert ne formaient qu'un seul individu , il annonça son projet d'aller en instruire le marquis, sans délai. Natalie opina qu'il fallait attendre l'avis du curé et du médecin, et pendant la petite

altercation qui s'éleva à ce sujet,
un valet de chambre du marquis
apporta une lettre à Alfred. Le
jeune homme était trop accablé
de tous les souvenirs qui se succédaient rapidement dans son
esprit; hors d'état de lire ce qui
lui était adressé, il remit le papier à Natalie, qui en fit la
lecture.

Le marquis Cipriani disait à
Alfred, que touché des soins
généreux qu'il avait pris de sa
malheureuse nièce, et qu'en reconnaissance de l'amour qu'elle
avait pour lui, il le priait de le
suivre dans ses voyages; que son
desir le plus sincère était de lui
inspirer celui de s'attacher à son
sort pour la vie; que son Félix
prendrait la place de Juliette,

et hériterait de toute la fortune
que sa mort fesait rentrer en son
pouvoir.

Eliska prit Alfred par la main :
« Vous voyez, lui dit-elle, qu'un
bienfait n'est jamais perdu. Suivez la nouvelle route que vous
ouvre la destinée; ne privez pas
votre enfant des avantages que
lui offre la fortune ; allez habiter
une contrée qui de tout tems a
séduit votre imagination; soyez-y
heureux; tous les vœux d'Eliska
seront comblés. »

Alfred la regarda fixement, et
ne répondit point. Quelqu'affectueux que fut ce langage, il ne
put s'empêcher de le trouver
étrange dans la bouche de celle,
à qui il avait voulu consacrer
son existence. Par réflexion, il

regarda cet avis comme un aveu
de la préférence qu'elle accordait
au comte Léopold.

L'abbé, consulté sur la position
où se trouvait Alfred, le pressa
de manifester, lui-même, son
penchant, pour diriger l'amitié
dans les conseils qu'il en attendait.

« Prononcez sans crainte, dit
le jeune homme, et j'obéirai. A
présent qu'on n'exige plus de
moi de renoncer à mon cher
Félix, je suis prêt à tout entre-
prendre. »

Sur une déclaration aussi fran-
che, l'abbé forma aussitôt son
plan. Il fit décider que le marquis
Cipriani se mettrait d'abord en
route, et qu'Alfred, pour se mé-
nager le tems de recevoir des

nouvelles de Domenico, prétex-
terait la nécessité d'un petit voyage pour affaires pressées. On se
donnerait rendez-vous dans une
ville voisine, d'où l'on entrepren-
drait ensemble le tour de l'Allemagne. Le marquis partit donc,
après avoir comblé tous les habitans du château de témoignages
d'attachement, et de présens re-
cherchés.

Cependant Alfred se désolait
de ne point entendre parler du médecin, du curé, ni de Domenico.
Dans son impatience il dépêcha
un courrier pour aller s'informer,
sur les lieux, des causes de cet
inquiétant silence. Il n'y avait
pas trois heures qu'il était parti,
que le docteur entra , accom-
pagné d'un étranger. La taille, la

figure, et les manières de ce
dernier étaient imposantes; personne ne le connaissait. Tous
les yeux étaient fixés sur lui;
quand il s'avança vers Alfred, et
élevant la voix, en lui tendant la
main : « Comment ! mon cher
Alfred, dit-il, vous ne remettez
pas votre vieil ami! »

C'était la voix d'Adalbert, mais
ce n'étaient point ses traits; il
était méconnaissable. Sa longue
barbe avait disparu, son costu-
me était moderne et presqu'élé-
gant; mais ce qui confondait le
plus Alfred, c'est que sa physionomie ne portait nullement l'em-
preinte de la vieillesse. Leurs yeux
se fixèrent attentivement, le jeune
homme poussa un cri de joie, et
se jeta dans les bras de son ami.

5.

« C'est bien moi, dit Domenico, c'est moi qui fus le pauvre
Adalbert; je vous dois le bonheur
de reprendre mon rang dans la
société humaine. »

Puis, se tournant vers toutes
les personnes rassemblées dans le
salon : « J'ose me flatter, ajouta-
t-il, que vous aurez tous quelqu'indulgence pour un homme,
qui, après de longues années
écoulées dans les douleurs, rentre
aujourd'hui dans le monde comme un enfant sans expérience. »

Le médecin tourna la conser-
vation sur des objets indifférens,
parce qu'il observa que Domenico
était au moment de s'affecter
d'une manière, qui pouvait être
dangereuse dans l'état de con-
valescence où il était encore.

Mais dès qu'on l'eut fait conduire
à son appartement, le docteur
satisfit à la curiosité d'Alfred
et de l'abbé, qui demandèrent
des détails sur les moyens qui
avaient opéré cette étonnante
guérison.

« Nous ne pouvons nous en
arroger la gloire, dit-il ; le hasard
seul a tout fait pour Domenico.
Il était devenu en peu de jours
beaucoup plus calme, il avait
demandé un livre, et enfin avait
témoigné son desir d'être débar-
rassé de sa grande barbe, bientôt
après de sa longue robe. Surpris
d'un changement si rapide, nous
l'en félicitâmes, en tâchant de le
faire expliquer sur les causes de
cette heureuse révolution. Nous
le pressâmes long-tems en vain ;

il finit pourtant par nous avouer
qu'il avait trouvé un flacon d'o-
pium dans la pharmacie du curé;
que l'idée de se voir possesseur
d'un moyen assuré de terminer,
quand il le voudrait, sa vie et ses
souffrances, avait agi fortement
sur lui. Dans un instant d'irrita-
tion il avait porté le flacon à sa
bouche, et l'image d'une mort
prochaine fit une si violente impression sur son esprit, qu'il rejeta
l'opium sans en avoir bu. Depuis
cette époque, sa raison revint par
degrés, et vous venez de voir que
rien dans ses actions ni ses discours n'annonce la démence,
mais il conserve précieusement
ce flacon qu'il révère comme son
sauveur; et il est assez singulier
de penser que c'est comme anti-

dote qu'il porte sans cesse du poison sur lui. »

On instruisit le médecin de tout ce que l'on venait de découvrir, et il fut convenu de garder le plus profond silence vis-à-vis de Domenico. L'abbé se chargea de le surveiller, et de le maintenir dans le bon chemin où il était entré.

Alfred devait, cependant, rejoindre le marquis Cipriani pour faire avec lui le voyage de Dresde et de Berlin. Si, pendant leur absence, on apercevait chez Domenico, la plus légère envie de revoir sa patrie et les siens, on promettait d'en avertir Alfred, qui viendrait le prendre pour le mener à son frère.

CHAPITRE XIII.

Tout étant disposé pour le départ d'Alfred, on en instruisit Domenico. La joie qu'il témoigna en apprenant que son ami, son bienfaiteur, allait s'éloigner pour un tems indéterminé, révolta d'abord tous les assistans, et fit croire, par réflexion, qu'il était retombé dans son ancienne folie. Mais l'abbé ne tarda pas à pénétrer le motif de cette joie bizarre. Domenico, quoique revenu en grande partie à la raison, ne pouvait surmonter la peur qu'il avait de Félix ; et l'idée que cet enfant ne paraîtrait plus à ses yeux, lui causait une satisfactiou qu'il ne lui était pas possible de dissimuler.

Peu à peu le château s'était tellement empli de connaissances, d'amis et de parens, qu'une réunion générale était devenue presqu'impraticable. On usait de la liberté qu'admet la campagne,. pour former de petits cercles composés des personnes qui se rapprochaient le plus, par leurs caractères et leurs goûts.

Éliska était presque continuellement avec le comte Léopold; elle sortait à cheval, chassait avec lui, sans néanmoins qu'ils eussent repris ni l'un ni l'autre les manières d'amans passionnés. Il n'était plus question de ce projet de mariage, qui peu de tems auparavant, avait déchiré le cœur d'Alfred. Natalie était devenue taciturne et pensive ; l'abbé ne quittait pas Domenico ; Lothario et le médecin avaient ensemble de fréquens entretiens, et le jeune Ernest s'attachait à tous les pas d'Alfred.

On ne se rassemblait au salon que pour faire de la musique ; il n'était personne parmi eux qui ne possédât des talens fort agréables, et Domenico, surtout, les étonnait autant par l'originalité de ses chants, que par le brillant de son exécution. Un soir, on l'attendait pour accompagner Eliska, à laquelle il avait appris une romance qu'il venait de composer ; l'abbé se disposait à l'aller chercher ; la porte s'ouvre avec fracas, il entre. Une pâleur mortelle couvrait son front, une agitation convulsive régnait dans tous ses traits, dans tous ses membres. Il jette un regard effaré sur les personnes qui l'entourent, et dès qu'il aperçoit Alfred, il fait un pénible effort pour lui adresser la parole : elle expire sur ses lèvres. Les dames prennent l'épouvante, et veulent fuir; quelques hommes le saisissent fortement, et essayent de le renverser sur un canapé. Le malheureux se débat, il écume; et, enfin, d'une voix sourde et terrible, il s'écrie : « Courez, courez, sauvez l'enfant.... Félix !.... il est empoisonné ! »

Tout le monde se précipite vers la porte; Domenico profite

de la confusion générale pour s'échapper ; Alfred et Lothario l'aperçoivent et se mettent à sa poursuite. On arrive en même tems que lui à la chambre de l'abbé ; le premier objet qui se présente est Félix ; il était effrayé, tremblant ; de toutes parts on lui criait : « Qu'as-tu fait, petit malheureux ? »

« Ah ! ne me grondez pas, répondit l'enfant ; je mourais de soif, j'ai bu de l'orgeat, que j'ai trouvé dans ce verre. »

« Grands dieux ! il est perdu ! il est mort ! » répétait Domenico, en courant par toute la chambre, et en se tordant les bras. Il sortit précipitamment ; on était trop occupé de l'enfant, pour le poursuivre.

On trouva, sur la table, un verre d'orgeat, et auprès, un flacon à moitié vide. Le médecin accourut à son tour, et reconnut avec effroi, le flacon d'opium de Domenico; il ordonna que l'on fît avaler du vinaigre, en quantité, au petit Félix; il employa toutes les ressources de son art. Natalie prit l'enfant sur ses genoux; il ne voulait rien prendre que de sa main. Le comte Léopold, jugeant extrêmement nécessaire de forcer Domenico à s'expliquer plus amplement sur ce fatal événement, le fit chercher, par tous ses gens, jusque dans les souterrains du château; et furieux de ne rien trouver, il monta à cheval, pour battre tous les environs. Alfred qui, le dé-

sespoir dans l'âme, s'était jeté
dans un fauteuil, se leva tout à
coup, en promenant des yeux
hagards autour de lui ; Natalie
l'appela ; il ne répondit pas, et
s'élança sur les escaliers, qu'il
descendit en sautant.

« Je ne conçois pas, dit le médecin, au bout de quelque tems,
qu'il ne se manifeste aucun des
symptômes qui devraient accompagner la crise où se trouve l'enfant. Une seule gorgée est une
dose d'opium, plus que suffi-
sante pour empoisonner une créature aussi faible ; et cependant je
ne trouve en lui d'autre émotion
que celle qu'ont dû lui occasion-
ner la scène dont il a été témoin,
et les remèdes mêmes, que nous
employons. »

Lothario survint dans ce moment; sa figure annonçait qu'il
y avait quelque nouvelle catas-
trophe à apprendre; en effet, il
dit à Natalie que l'on venait enfin de découvrir Domenico caché
dans les combles du château;
mais qu'il était baigné dans son
sang, et que près de lui était le
rasoir, dont il s'était coupé la
gorge. Le médecin courut sur les
pas de Lothario ; ils rencontrè-
rent le malheureux Italien que
les domestiques descendaient sur
un brancard. Sa blessure fut son-
dée ; elle n'était pas mortelle,
mais la grande perte de sang,
avait produit un évanouissement
dont il ne fut pas possible d'abord
de le faire revenir. On le confia à
la garde de l'abbé.

Natalie ne voulut point quitter Félix de toute la nuit ; elle tenait sa tête sur ses genoux. Alfred, assis sur un coussin, auprès d'elle, soutenait les pieds de son fils, et attendit le jour en portant tour à tour ses regards inquiets sur lui et sur sa généreuse amie. Natalie touché de sa profonde douleur, lui tendit la main ; il la saisit, et ne voulut plus la lâcher. Léopold et Lothario entrèrent, les considérèrent en silence, et levèrent les yeux au ciel. Au premier rayon de l'aurore, l'enfant se réveilla, il sourit à son père, à la tendre Natalie, sauta à terre, et demanda à déjeûner. Alfred et son amie, ivres de joie, ne savaient à quoi attribuer une révolution aussi

subite ; ils n'osaient interroger
Félix ; mais les vives couleurs qui
brillaient sur son visage , sa gaîté, ses caresses, achevèrent promptement de bannir toutes leurs
alarmes.

Dès que l'infortuné Domenico
fut en état de proférer quelques
paroles sans danger , on tenta de
se procurer quelques éclaircisse-
mens nécessaires au repos , et
même à la sûreté de la plupart
des habitans du château. On apprit de lui, peu à peu , et avec
beaucoup de peine, que le hasard lui avait fait tomber dans
les mains un manuscrit de la
main de l'abbé , dans lequel il
avait reconnu avec effroi sa propre histoire. De ce fatal instant,
il s'était persuadé qu'il ne pou-

vait plus vivre, puisque ses secrets et son crime étaient dévoi-
lés. Il avait aussitôt résolu d'a-
voir recours à son opium, et
l'avait versé dans un verre d'orgeat. Au moment de le boire, la
nature s'était révoltée dans le fond
de son cœur, il était descendu
dans les jardins pour prendre l'air
et réfléchir à ce qu'il allait en-
treprendre. A son retour, il avait
trouvé le petit Félix, tenant à la
main le verre à moitié vide, et
dans sa terreur, il était allé appeler toute la maison au secours
de l'enfant.

On engagea Domenico à se cal-
mer ; il saisit brusquement la
main d'Alfred. « Hélas ! bon jeune
homme, lui dit il, pourquoi ne
t'ai-je pas quitté dès long-tems ?

Je savais bien que je donnerais la
mort à ton enfant, et qu'il serait
cause de la mienne ! »

Le médecin qui écoutait attentivement, demanda à Domenico
si la bouteille était empoisonnée ;
il répondit en termes précis qu'il
n'avait versé d'opium que dans le
verre. « Je vois très-clairement
maintenant, dit le docteur, tout
le mystère de cette aventure : Félix, selon sa coutume, aura bu
dans la bouteille, et de peur d'être
grondé, il n'a pas voulu l'avouer,
et prétend avoir bu dans le verre :
sa bonne étoile l'a sauvé d'une
mort infaillible. »

« Vain détour ! s'écria le père,
redevenu la proie de ses premières alarmes ! mon malheureux
enfant porte la mort dans son

III.   6

sein ! une fausse lueur d'espérance nous a ébloui; il va périr !»
et aussitôt il courut, emmenant,
ou plutôt entraînant le médecin
pour redoubler de soins auprès
de son cher Félix. Il interrogea de
nouveau l'enfant, qui se mit à
pleurer, et refusa obstinément
de répondre. Natalie le prit à part,
et par ses caresses, obtint l'aveu
de la vérité; le médecin avait parfaitement deviné. Alfred, à qui
le récit naïf de Félix ne pouvait
plus laisser de doutes, se jeta dans
les bras de Natalie qui partageait
ses transports.

CHAPITRE XIV.

LE lendemain matin, on trouva
Domenico mort dans son lit. Par
un sommeil feint il avait trompé
la vigilance de ses gardes, avait
arraché l'appareil que l'on avait
mis sur sa blessure, et tout son
sang s'était écoulé.

Tant d'incidens extraordinaires, tant d'intérêts divers,
avaient achevé de rompre toute
union entre les trop nombreux
habitans du château. En aucune
circonstance, on ne se rassemblait
plus, chacun mangeait dans son
appartement, on s'évitait, on se
fuyait. Le comte et Eliska, quoi-

que toujours affectueux envers
Alfred, blessèrent cruellement
son cœur, en lui demandant
quand il comptait se mettre en
route pour aller rejoindre le marquis Cipriani. Il se convainquit
enfin qu'on n'attendait plus que
son départ, pour former un nœud,
naguère préparé pour lui. Son
amour-propre le pressait de s'é-
loigner, et un sentiment qu'il
ne pouvait définir le portait à
desirer que Natalie daignât le
retenir.

Des lettres de Werner étaient
arrivées; toutes ses affaires étaient
disposées pour son départ, il ne
lui manquait plus que le courage.
Lothario, l'abbé, accoutumés
dès long-tems à lui prodiguer leurs
conseils, se taisaient tous les

deux. Le médecin fut le seul qui
vint à son secours, en le déclarant
et le constituant malade. Trop
heureux de sortir d'embarras à
ce prix, Alfred se laissa admi-
nistrer, avec soumission, toutes
les drogues qu'il plut au médecin d'ordonner.

Les femmes ne pouvaient dé-
cemment se dispenser de donner
leurs soins à l'intéressant malade;
il se formait tous les soirs un petit cercle auprès de son lit. Le
jeune Ernest en fesait l'âme, par
son inépuisable gaîté; du moins
était-il fort utile, en ce qu'il em-
pêchait toujours que la conversation ne prît un ton sentimental,
auquel tous les interlocuteurs ne
paraissaient que trop enclins.
Ernest, d'un autre côté, les em-

barrassait, quelquefois étrange-
ment, en se permettant de penser tout haut.

Il n'avait nullement l'air de
croire à l'indisposition de son
ami. « Cher docteur, dit-il, un
soir, faites-moi la grâce de m'apprendre comment il faut appeler la maladie du pauvre Alfred?
Lequel prendrons-nous des trois
ou quatre mille termes dont vous
parez votre ignorance? Du moins
les exemples ne nous manque-
ront pas, et fallût-il fouiller dans
les archives d'Egypte, de Baby-
lone ou de Syrie, je m'engage à
trouver le nom propre du mal
qui dévore notre ami. »

Les dames souriaient, se re-
gardaient, et ne disaient mot.

« Je ne sais si ma mémoire ne

me trompera pas, reprit le jeune
homme, mais en tout cas, voici,
là-bas , un tableau qui pourra
l'aider. »

Il ouvrit la porte : on apercevait, en face, le morceau dont
il voulait parler.

« Dites-moi, mesdames, n'est-
ce pas là le jeune Antiochus Soter,
étendu sur son lit, mourant, sans
oser dire quel est son mal? N'est-
ce pas Séleucus Nicanor , son
père, qui se perd en conjectures,
et se consume en vœux superflus,
tandis que la cause et le remède
sont à côté de lui? N'y voyez-
vous pas en effet la charmante
Stratonice, qui porte à la fois dans
ses yeux le venin et l'antidote?
Le sage Erasistrate pénètre tout
le mystère, et de ce moment, il

se promet la guérison du prince.
Je serai tout aussi habile que lui ;
pour sauver mon cher Alfred, et
si l'on veut.........

« On veut que vous vous tai-
siez, » dit vivement Natalie ; une
rougeur soudaine couvrit son
front ; elle jeta un regard furtif
à Alfred ; il n'était pas moins
ému. Elle saisit bientôt un pré-
texte pour se retirer : elle alla se
réfugier dans sa chambre. Eliska ne tarda pas à la suivre ; et en
peu d'instans, Alfred se trouva
seul avec le comte Léopold, qui
était assis, isolé et silencieux,
dans l'embrasure d'une fenêtre.
C'était la première fois qu'ils
se voyaient ainsi tête à tête, depuis leur rivalité auprès d'Eliska.
Tous deux semblaient éprouver

la même contrainte, la même gêne.

Cependant, Alfred réfléchissant sur les obligations importantes que lui avait fait contracter la généreuse conduite du comte envers lui, fit un pénible effort pour lui adresser la parole, et mettre un terme à cet état de méfiance et d'incertitude, pire qu'une rupture ouverte.

« Si c'est moi, monsieur le comte, lui dit-il, qui suis cause de tout ce qui se passe ici entre nous, sans doute mes torts sont inexcusables. Vous avez un moyen assuré de m'en punir ; retirez-moi votre amitié, abandonnez-moi à mes douleurs, laissez-moi sans consolation, errer dans ce monde pervers, qui aurait déjà

6.

dû m'engloutir. Mais si vous
ne voyez en moi que la victime
d'une destinée bizarre et cruelle,
que le jouet d'événemens, qu'il
n'a pas été en mon pouvoir de
prévenir ou de détourner, soyez
juste, et que l'assurance de votre
immuable attachement me suive
dans le long voyage que je ne
puis différer. Il viendra un tems
où il me sera permis de vous dire
tout ce que j'éprouve aujourd'hui.
Je souffre, pour n'avoir point eu
la force de vous dévoiler mon
cœur; vous auriez pu me secou-
rir quand il était tems encore.
C'est à tort que nous nous plai-
gnons de nous-mêmes, que nous
accusons le destin. Nous sommes
malheureux, destinés à l'être; et
n'est-ce pas la même chose que

nous tombions dans l'abîme par
notre propre faute , ou par une
impulsion irrésistible ; que ce
soit le vice ou la vertu, la sagesse
ou la folie qui nous y précipitent?
— Adieu, monsieur le comte, je
quitte une maison, où, malgré
moi, j'ai violé les droits de l'hos-
pitalité. L'indiscrétion de votre
jeune frère est impardonnable ;
elle a mis le comble à mes peines, elle me jette dans le désespoir. »

« Pourquoi ce désespoir, pourquoi cette amertume , mon cher
Alfred? répondit le comte , en
lui prenant la main. Vous esti-
meriez-vous perdu sans ressource,
si votre union avec ma sœur était
la condition secrète à laquelle
Eliska consent à se donner à moi?

Eh bien ! il est cependant vrai
que telle est sa résolution inébran-
lable ; elle a juré que les deux
couples marcheraient ensemble
à l'autel, ou qu'elle n'en appro-
cherait jamais. Sa raison m'a choi-
sie, dit-elle, mais son cœur de-
mande Natalie, et ma raison
viendra au secours de son cœur.»

« Nous vous avons observés
l'un et l'autre ; vous vous conve-
nez, vous vous aimez ; il est tems
de fixer enfin le destin de votre vie.
Laissez-vous conduire au but
auquel vous aspirez, mais dont
vous ignorez le chemin. Dix fois
déjà un desir inquiet et vague
vous a entraîné vers des femmes,
qui n'avaient d'autre mérite à vos
yeux, que de retracer, en partie,
l'image de celle que vous portiez

dans votre cœur, avant de la connaître. La nature qui ne peut errer, vous présente ici cet être sympathique, qui ne doit plus faire qu'un second vous-même : parlez, vous êtes libre encore ; que voulez-vous faire ? »

Alfred ne répondit qu'en se précipitant dans les bras de Léopold.

« Levez-vous, dit le comte, je vais vous procurer à l'instant la certitude de votre bonheur. »

Alfred était animé d'une santé, d'une force nouvelle ; ses maux n'avaient existé que dans son esprit. Natalie fit un cri de surprise en l'apercevant ; son émotion lui permit à peine d'entendre ce que lui dit son frère.

« Les tems d'épreuve sont pas-

sés, ajouta le comté, Alfred est
digne de toi, tu es digne de lui ;
laisse éclater tes sentimens, et
confirme mes promesses. »

Natalie attacha long-tems ses
yeux sur son frère, avant de les
tourner sur Alfred ; ils peignaient
la reconnaissance la plus vive; un
feu doux et brillant vint les ani-
mer lorsqu'elle s'avança vers le
jeune homme qui, soupirant et
tremblant, pouvait à peine se
soutenir.

« Mon frère n'a rien hasardé,
lui dit-elle, en vous répondant
de Natalie. Depuis long-tems
j'ai su vous apprécier ; vous êtes
le premier homme qui m'ait inspiré le désir de lui sacrifier ma
liberté. Dans cette nuit de douleur, où je tenais votre Félix sur

mon sein, partageant votre déso-
lation, je fis le serment de vous
déclarer mon amour, de vous
offrir ma main, si la mort vous
enlevait cet enfant chéri. Il vit;
le ciel en le conservant n'a point
changé mon cœur; pourquoi ma
résolution changerait-elle? ».

A ces mots, Eliska mit la main
de Natalie dans celle d'Alfred,
et présenta la sienne au comte.
Un silence religieux ajoutait à la
solennité de cette scène.

L'abbé et Ernest entrèrent dans
ce moment.

Quoi! sans moi! s'écria le dernier, moi qui vous ai aidés à vous
entendre, à vous rapprocher, moi
qui ai tressé le myrte dont vous
allez vous couronner! Mon cher
Alfred, tu as couru le monde,

tu as été battu par la tempête, et te voilà au port ! tu me représentes Saül, fils de Cis, qui sortit pour chercher les ânesses de son père, et trouva un royaume.

« Je ne connais point le prix d'un royaume, répondit Alfred; mais je sens que j'ai trouvé une félicité pure, inaltérable; je sens que j'ai trouvé un trésor préférable à toutes les couronnes de l'univers. »

FIN.

DÉTAILS

SUR L'ORIGINE

DE JOSEPH BALSAMO,

DIT COMTE CAGLIOSTRO,

Et sur sa famille, qui existe encore
à Palerme.

L'histoire ne dédaignera pas de recueillir le nom et la vie d'un imposteur, qui, dans un siècle orgueilleux de ses grandes lumières , a trouvé des dupes parmi les personnages les plus distingués. Quoique *Cagliostro* ait été complètement démasqué, quoiqu'on ne puisse espérer que le public recherche, avec sa première avidité, tous les détails relatifs à ce fourbe extraordinaire, on ne doit point croire qu'il accueille avec indifférence ceux que donne, *comme témoin oculaire*, un écrivain aussi illustre que GOETHE.

C'est lui-même qui parle dans le récit suivant.

DETAILS

Sur l'origine de Joseph Balsamo, dit comte Cagliostro, et sur sa famille, qui existe encore à Palerme.

J'ÉTAIS à Palerme, en 1787; j'y dînais, un jour, à une table d'hôte, où la conversation roula sur *Cagliostro,* son origine, et ses aventures. Tous ceux des convives qui étaient du pays, convenaient unanimement qu'un certain *Joseph Balsamo* était né dans leur ville, qu'il s'y était fait connaître par quelques traits de fri-

ponnerie, qui avaient fait prononcer son bannissement.

Mais, cet individu était-il le
même que le célèbre *comte Cagliostro* ? c'est ce qui semblait
partager les opinions. Cependant,
quelques personnes prétendaient
reconnaître parfaitement sa figure, dans une gravure qui venait
d'arriver de France.

Un de mes voisins parla beaucoup des efforts que fesait un
homme de loi de Palerme, pour
se procurer des lumières sur cette
affaire. Le ministère français avait
demandé à la cour de Naples
qu'elle ordonnât toutes les per-
quisitions nécessaires pour découvrir un homme qui avait eu
l'audace, aux yeux de la France,
et de l'Europe entière, de se

donner pour un personnage illustre, que des raisons d'un grand
poids obligeaient de s'envelopper
d'un mystère impénétrable. Le
roman qu'un magistrat très-con-
nu (1) avait publié sous le titre
de Mémoires, avait éveillé la
curiosité publique. Pour la partie
saine de la nation française,
Cagliostro, de ce moment, ne fut
plus qu'un aventurier, dont on
souhaitait voir tomber le masque.

Les recherches actives de
l'homme de loi, l'avaient conduit
à la connaissance la moins équi-
voque de tout ce qui tenait à
Joseph Balsamo, dont il avait
déjà dressé la généalogie. Le ré-

_____

(1) M. Despréménil.

sultat de son travail était envoyé
à la cour de Versailles , pour
qu'elle en fît tel usage qu'il lui
paraîtrait convenable.

L'éloge que firent généralement tous les convives de la
science profonde , de l'intégrité,
du caractère de l'homme de loi ,
me donna le plus vif desir de lui
être présenté , et d'entendre de
sa bouche la confirmation de ce
que je venais d'apprendre. Mon
voisin s'offrit , de la meilleure
grâce du monde , à me rendre ce
service.

Dès le lendemain , en effet ,
nous nous rendîmes chez lui. Son
accueil fut extrêmement affable ;
je n'hésitai pas à lui faire part de
l'espoir qui m'amenait. Il me
dit, en souriant, qu'il connaissait

l'empressement avec lequel tous
les voyageurs, tous les écrivains,
recueillaient des renseignemens
sur l'illustre comte Cagliostro.—
« Je ne me serais jamais douté,
ajouta-t-il, avec un mouvement
de tête fort expressif, que le pauvre *Balsamo* dût attirer l'attention de tant de potentats, et de
grands personnages. »

Après quelques observations
particulières, il me montra un
tableau généalogique, fait avec
autant de soin que celui d'un ba-
ron allemand, qui veut se faire
reconnaître à la diète de l'Empire.

Tout ce qui m'y parut digne de
remarque, c'est que *Joseph Balsamo* naquit à Palerme, au mois
de juin 1743. Le nom de *Cagliostro* n'est point de son invention;

c'était celui de son grand-oncle,
qui fut son parrain. Il existe encore, à Messine, deux fondeurs
de cloches, nommés *Cagliostro*.

Les *Balsamo* étaient probable-
ment d'origine juive. Le père du
trop fameux *Joseph* laissa une
veuve qui vit jusqu'à ce jour, et
une fille qui épousa un certain
Capitummino.

Dans sa jeunesse, *Joseph Balsamo* porta l'habit des frères *de
la Merci*. Dans la foule de moi-
nes, mendians ou riches, qui dé-
vorent le midi de l'Europe, cet
ordre se fait remarquer par l'utilité de son institution. Il est voué
au service des malades, et de
l'humanité souffrante. *Balsamo*
y puisa des connaissances médi-
cales, qui lui ont été d'une grande

ressource dans la suite, pour en
imposer aux esprits faibles, en
jouant le rôle d'un philantrope
désintéressé.

Mais bientôt sa conduite devint tellement scandaleuse, qu'il
fut chassé de son couvent. Il fit
alors le métier de sorcier, et abusa
de la crédulité de nombre d'habitans de la campagne, auxquels il
persuada qu'il avait le don de
trouver les trésors enfouis.

Il ne négligea pas un talent
naturel qu'il possédait à un degré
surprenant : c'était celui de con-
trefaire parfaitement toutes les
écritures, à la première inspec-
tion. Il falsifia, ou plutôt fabri-
qua de vieux titres, en vertu
desquels une succession immense
fut disputée à l'héritier légitime,

III.   7.

par d'avides collatéraux. Un avocat distingué fut le premier qui
soupçonna un faux, et qui en
produisit les preuves. *Balsamo*
fut arrêté, examiné; il devait
s'attendre aux peines les plus
terribles : il trouva le moyen de
s'évader.

Un bateau de pêcheur l'ayant
jeté sur la côte de la Calabre, il tra-
versa cette province en se donnant
pour un malheureux matelot nau-
fragé; il sut même y ramasser
quelqu'argent, en disant la bonne
aventure aux paysans, ou en leur
prescrivant des remèdes pour
leurs maladies.

Une grande ville était plus fa-
vorable que la campagne à ses
talens pour l'intrigue. Il évita
Naples, de peur d'y rencontrer

l'exécution du décret lancé contre
lui, par le tribunal de Palerme, et
il se rendit à Rome. Il parvint à
plaire à la fille d'un sellier, et le
père la lui donna avec une dot
assez considérable.

De ce moment, *Balsamo* conçut le projet de tenter les grandes
aventures. Se croyant assuré d'éblouir par le faste dont il s'environna, il osa se montrer à Naples,
sous le nom de marquis *Pellegrini*. Ce déguisement lui réussit
au-delà de ce qu'il avait pu espérer : il vécut parmi la plus haute
noblesse, et ne manqua cependant pas une occasion de faire
des dupes en plus d'un genre.
Aveuglé par un succès aussi extraordinaire, il eut l'audace de
s'embarquer pour Palerme. Per-

sonne, dans les premiers jours,
ne songea à reconnaître dans le
brillant marquis Pellegrini, le
malheureux *Joseph Balsamo*.
Une querelle très-vive, où il se
trouva compromis dans une maison de jeu, fixa sur lui l'attention
d'un escroc, avec lequel il avait
eu précédemment quelques rela-
tions. Cet homme courut sur-le-
champ le dénoncer, et *Balsamo*
se vit de nouveau dans les ca-
chots, sans espoir d'une seconde
fuite.

La fortune, cependant, vint à
son secours de la manière la plus
inattendue. Dans les maisons il-
lustres, où il avait été adressé par
ses amis de Naples, le prétendu
marquis Pellegrini avait fait la
connaissance du jeune prince

de ***. Son père occupait une place éminente à la cour de Naples, et possédait la bienveillance particulière du roi. L'immense fortune du jeune prince avait rendu le marquis très-assidu à lui faire la cour; et les charmes de dona Lorenza (c'était le nom de la marquise), avaient aisément déterminé le prince à accorder une amitié très-vive à son époux.

Sa fureur éclata quand il apprit l'outrage fait à l'honneur de son noble ami. Il tenta tous les moyens de le délivrer, et n'ayant pu venir à bout d'ouvrir les portes de la prison, par la ruse et ses largesses, il se rendit chez le président du tribunal. Dans l'antichambre de ce magistrat, il rencontra l'avocat qui avait déjà démasqué l'imposture de *Balsamo*, une première fois, et qui se chargeait de poursuivre le procès entamé ; le prince le somma de se désister, non - seulement de toutes poursuites, mais même de demander la liberté du détenu. L'avocat s'y refusa courageusement, malgré les menaces du jeune homme, qui, dans les transports de sa colère, s'oublia jusqu'à s'élancer sur son adversaire, et le renverser à ses pieds : il tirait l'épée pour lui arracher la vie, lorsque le président parut.

Sans dignité, sans énergie, ce vieux magistrat rampait devant les grands seigneurs de l'île, et mettait tous ses soins à ce que la justice ne contrariât jamais au-

cune de leurs prétentions. Tout
ce qu'il osa faire, fut de s'informer respectueusement de l'of-
fense de l'avocat. Le jeune prince
consentit à lui pardonner, cette
fois; mais en lui déclarant qu'il
se porterait aux plus terribles
extrémités, si on ne lui rendait,
sans délai, son honorable ami.
Le président en expédia l'ordre
immédiatement, et, dès le soir
même, le marquis Pellegrini se
fit voir à la promenade, dans la
voiture du prince. Toutes les
personnes qui avaient connu le
plus intimement *Balsamo*, commencèrent à se persuader qu'elles
s'étaient trompées, et que le marquis n'avait rien de commun avec
lui.

Cet événement lui sembla

néanmoins de mauvais augure ;
d'ailleurs , il craignait, avec raison , que l'on n'écrivît à Naples,
et que le ministère ne prît des
mesures auxquelles il lui serait
difficile d'échapper. Il s'éloigna
donc promptement de Palerme,
et ce fut à cette époque qu'il
commença à parcourir l'Europe,
donnant lieu à mille conjectures,
et recueillant partout des hommages et des richesses.

L'homme de loi termina cet
exposé, en me prouvant, jusqu'à
l'évidence, l'identité de *Joseph
Balsamo* et du comte *Cagliostro*.
C'est assurément une vérité sur
laquelle personne , aujourd'hui,
ne conserve le plus léger doute ;
mais, à l'époque dont je parle,
il fallait toute la sagacité de

l'homme de loi, pour percer le
nuage mystérieux qu'un fourbe
astucieux cherchait sans cesse à
épaissir autour de lui.

L'exactitude de tous les faits
que je viens de rapporter, ne tarda point à être complétement
confirmée par la publicité que la
cour de Rome donna au procès
de *Cagliostro*. Quoique les pièces
qu'elle fit paraître, fussent moins
intéressantes et moins probantes
qu'elles n'auraient dû l'être, tout
être doué de raison put y voir
avec douleur, combien il est facile à un imposteur effronté de
séduire non-seulement la multitude, mais même des hommes
qui ont la prétention d'être aussi
supérieurs à leurs semblables par
l'étendue de leurs connaissances,

7.

que par la force de leur génie.

L'homme de loi m'avait souvent répété dans la conversation,
que la mère et la sœur du fameux
personnage , objet de nos recherches , existaient encore à
Palerme. Je ne lui dissimulai pas
l'extrême desir que j'aurais de les
connaître. Il me répondit qu'il
serait très-difficile de me satisfaire , parce que cette famille
étant pauvre , mais honnête,
vivait très-retirée ; qu'elle n'é-
tait point accoutumée à voir d'é-
trangers , et qu'en général , le
caractère soupçonneux de la nation s'alarmait de ces sortes de
visites. J'insistai néanmoins ;
alors il me promit de m'envoyer
son clerc, qui avait accès dans

la maison, et par l'entremise du-
quel il s'était procuré les papiers
et détails nécessaires à son travail.

Le lendemain , effectivement,
le jeune homme vint me trouver.
Il m'avoua qu'il ne se prêtait pas
sans quelque répugnance , à me
rendre le service que j'attendais
de lui.

« J'ai toujours évité jusqu'ici,
me dit-il, de reparaître devant ces
braves gens que je me suis vu for-
cé de tromper. Pour me faire livrer
les actes dont ils étaient posses-
seurs , tels que contrats de mariage, extraits baptistaires, etc.,
et en faire tirer des copies légales,
il a fallu employer la ruse. Je
supposai que dans une province
du royaume de Naples , venait
de s'ouvrir une succession , à

laquelle le jeune *Capitummino*
avait des droits qu'il s'agissait
de faire valoir. La mère et la
grand'mère de l'enfant, remplies
de joie à cette heureuse nouvelle,
me firent l'accueil le plus préve-
nant, et me remirent tous les
papiers dont je leur dis avoir
besoin. Depuis ce moment, je
ne les ai point revues, et vous
devez bien penser que je me ver-
rai fort embarrassé de répondre
à leurs questions, s'il faut vous
accompagner chez elles. »

Le jeune clerc voulait aussitôt
se retirer; mais je le pressai avec
tant d'instance, qu'il consentit
à me servir d'introducteur. Je lui
suggérai moi-même de s'excuser
sur la lenteur inséparable de
toutes les affaires de cette nature;

et il fut convenu qu'il m'annon-
cerait comme un Anglais, qui
pouvait donner des nouvelles de
Cagliostro. Il y avait, en effet,
quelque tems qu'il était passé à
Londres, après sa sortie de la
Bastille.

Nous nous mîmes en marche.
La maison était située au coin
d'une allée, assez près de la
grande rue nommée *il Cassero*.
Un escalier dégradé nous conduisit dans un vestibule fort
sombre, où nous aperçûmes une
femme occupée à laver du linge.
Nous sortions du grand jour; il
nous était impossible de distinguer ses traits. Elle adressa aussitôt la parole à mon guide,
qu'elle avait parfaitement reconnu. « Signor Giovanni, lui

dit-elle, nous apportez-vous de
bonnes nouvelles? Où en est la
succession? »

Le jeune homme fit une réponse évasive, et se hâta de me
présenter comme une connaissance de son frère. Sa joie parut
extrême à ces mots. « Que ma
pauvre mère sera aise de vous
voir, me dit-elle, en me prenant
par la main ! Venez, suivez-
moi ! »

Nous passâmes dans une pièce
voisine ; elle était excessivement
haute et spacieuse, et semblait
servir de demeure à toute la famille. Une seule fenêtre en ogive
donnait un demi-jour, qui allait
s'éteindre sur de vastes murailles
jadis colorées, et sur lesquelles
se découvraient, de distance

en distance, quelques images de
saints dans des cadres d'or noirci.
Deux lits sans rideaux occupaient
un des côtés de l'appartement,
et de l'autre, se voyait une antique armoire de bois brun, en
forme de secrétaire. Quelques
vieilles chaises de canne, dont
les dossiers avaient été dorés au-
trefois, achevaient de composer
tout l'ameublement. Les car-
reaux étaient défoncés en quelques endroits, et manquaient
totalement dans d'autres. Nous
nous approchâmes de la fenêtre,
près de laquelle toute la famille
était rassemblée.

Mon conducteur expliqua à la
bonne mère *Balsamo* le sujet de
ma visite. Sa surdité l'obligea de
répéter en élevant la voix. Pen-

dant ce tems, j'observai la figure
du jeune *Capitummino* et de sa
sœur. La petite vérole les avait
horriblement maltraités, et la
jeune personne n'avait conservé
qu'une taille élégante et svelte,
qui me frappa.

On nous pressa de nous asseoir. La bonne dame m'adressa
vingt questions rapides, que je
fus obligé de me faire traduire
par mon guide, vu la peine que
j'avais à comprendre le dialecte
sicilien. Je lui répondis pareille-
ment par la voix de mon inter-
prète.

Je lui fis savoir que son fils,
après avoir été mis en liberté par
ordre du gouvernement français,
se trouvait alors en Angleterre,
où il avait été accueilli de la ma-

nière la plus flatteuse. Sa joie me parut aussi vive que sincère ; elle leva les yeux et les mains au ciel, en signe de reconnaissance.

Sa fille *Capitummino* avait été faire un peu de toilette ; elle avait rassemblé tous ses cheveux sous un réseau ; et en examinant sa figure ronde et ses grands yeux, je remarquai l'extrême ressemblance qui existait entre elle et le portrait de son frère *Cagliostro*. Elle m'entretint avec beaucoup de discernement, de tous les endroits que je devais visiter dans mon voyage en Sicile, et me recommanda, sur toutes choses, d'assister à la fameuse fête de Sainte Rosalie.

La mère *Balsamo* nous interrompit à tout instant, pour me

demander s'il était vrai que son
fils eût un état de prince, qu'il
nageât dans l'or. Elle entra dans
quelques détails sur sa position,
sur le besoin urgent qu'elle avait
des secours de son fils, et me
proposa finalement de me charger d'une lettre pour lui. Je
m'offris de remplir ses desirs;
elle parut très-touchée de l'intérêt que je lui témoignais, et
me demanda où il fallait qu'elle
envoyât la lettre. Je refusai de
faire connaître mon logement,
et l'assurai que je viendais moi-
même, le lendemain, prendre
sa lettre.

Le jeune clerc, qui craignait
toujours que la conversation ne
vînt à tomber sur la succession
dont il s'était chargé, me fit

signe qu'il était tems de nous
retirer. Nous nous séparâmes
tous très-satisfaits : ces braves
gens, de l'espoir que je leur
laissais, et moi, d'avoir contenté
ma curiosité.

Quand je fus seul, je réfléchis
néanmoins à la visite que j'avais
promis de leur faire encore le
lendemain, et plusieurs consi-
dérations tendaient à m'en détourner. Ils m'avaient appris
qu'ils avaient d'autres parens
dans la ville. Il était naturel
d'imaginer que ces parens, et
même tous les amis, viendraient
voir et entendre l'étranger por-
teur de nouvelles.

Il devenait embarassant pour
un homme, qui ne connaissait
Cagliostro que par les papiers

publics, de répondre d'une manière précise à toutes les questions dont je devais bien penser
que je serais assailli. Pour prévenir cette assemblée de famille,
je me présentai le lendemain
matin chez la mère *Balsamo*,
qui, selon nos conventions, ne
m'attendait que le soir.

Mon aspect imprévu leur fit
jeter à tous de grandes accla-
mations. La lettre dont je devais me charger n'était point
encore prête.

On envoya, sur-le-champ,
appeler un cousin qui la fesait
écrire, selon l'usage du pays,
par un notaire public. Ce
jeune homme ne tarda point à
me l'apporter lui-même. Il
m'entretint quelque tems, en

très-bons termes, de la situation déplorable où languissait
toute sa famille, pendant que
son oncle jouait un si grand
rôle dans le monde. Il me témoigna surtout sa surprise de
ce qu'il m'avait révélé l'existence de ses parens à Palerme;
« car, ajouta-t-il avec un sourire
amer, nous n'ignorons pas qu'il
nous renie, depuis qu'il a bâti
les fables les plus extravagantes
sur son origine. »

Je lui répondis, qu'à la vérité, Cagliostro avait cru nécessaire à sa fortune, de dérober
sa patrie et sa naissance à la
curiosité du public ; mais qu'il
n'en fesait point mystère aux
personnes qu'il connaissait plus
particulièrement.

« Je m'avançai vers la bonne
mére pour prendre congé d'elle.
« Vous reverrez mon fils, me
dit-elle d'un ton pénétré; dites-
lui bien que j'ai mis mon dernier espoir en lui ; que les
nouvelles que vous m'en avez
données m'ont procuré le premier instant de véritable joie,
que j'aie goûtée depuis notre
séparation ; dites-lui , enfin ,
que c'est ainsi que je l'embrasse ! »

En prononçant ces dernières
paroles , elle ouvrit les bras et
les croisa fortement, comme si
elle eût pressé son fils sur son
sein. Cette habitude propre aux
Italiens, et spécialement aux
Siciliens, de joindre toujours le
geste à l'expression, donne sou-

vent un charme incroyable à
leurs moindres discours.

Je l'avoue, je ne pus me séparer de cette famille malheureuse, sans un véritable attendrissement. Sa bonne foi, sa
simplicité, fesaient un contraste
si frappant avec l'astucieuse ef-
fronterie de l'imposteur, qui
avait pris naissance au milieu
d'elle! Les enfans me conduisirent jusque dans la rue, en
se recommandant à mes bons
offices. La pauvre et honnête
Balsamo me fit un dernier signe,
du balcon où elle s'était mise
pour me suivre des yeux.

Je n'ai pas besoin de dire que
que je me serais fait un scrupule
réel d'avoir, par de vaines fables,
ranimé l'espérance de ces infor-

tunés, et de leur avoir conséquemment préparé de nouvelles peines. Si j'avais été obligé de feindre, pour me procurer un libre accès chez eux, je voulus du moins que ma curiosité pût leur être de quelqu'avantage.

Je me rappelai que, dans la conversation, la sœur de *Cagliostro* m'avait raconté que son frère lui était encore redevable de quarante onces (1) qu'elle avait données pour racheter ses effets engagés chez les juifs, lorsqu'il avait pris la fuite pour la seconde fois. Je crus voir, d'abord dans cette circonstance, un moyen de faire accepter cette

_____

(1) L'once de Sicile vaut 12 fr. 80 centimes.

somme à la malheureuse Capitummino. Il me suffisait de lui
dire que son frère m'en ferait le
remboursement, à mon retour
en Angleterre. Plein de cette
idée je rentrai chez moi ; je vi-
sitai ma bourse ; je fis mes
comptes : mais à ma grande
douleur, je me convainquis
bientôt que mes facultés ne me
permettaient pas d'accomplir
mon projet. J'étais dans un pays,
où le défaut de communications
rend toute distance inaccessible;
j'y étais étranger, sans ressource :
il fallut donc que le vœu de mon
cœur cédât, pour le moment,
la prudence.

Je partis de Palerme dès le
lendemain, et n'y revins plus.
Après avoir parcouru la Sicile,

III.   8

je repassai en Italie, et de là en
Allemagne. Mon premier soin,
rendu chez moi, fut de mettre
en ordre tous les papiers qui s'é-
taient entassés dans mon porte-
feuille pendant mon voyage. La
lettre que la bonne mère *Balsamo*
m'avait remise pour son fils, s'y
trouvait encore. En voici une
traduction littérale, pour ceux
de mes lecteurs qui trouveront
autant de charmes dans le simple langage de la nature, que
dans les déclamations emphati-
ques d'un héros de roman.

« MON TRÈS-CHER FILS!

» Le 16 avril 1787, j'ai eu de
tes nouvelles par ton ami ,

M. Wilton (1), et je ne puis t'exprimer quelle consolation cela a été pour moi : car, depuis que tu t'es éloigné de France, je n'avais pas entendu parler de toi. »

» Mon cher fils, je t'en prie, ne m'oublie pas : car je suis très-pauvre, et abandonnée de tous nos parens, excepté de ma fille Maria Anna, ta sœur, qui m'a retirée dans sa maison. Elle ne peut fournir à tout mon entretien ; mais elle fait tout ce qui est en son pouvoir : elle est veuve, et chargée de trois enfans. »

«Je te le répète, mon cher fils, ne m'oublie pas , envoie-moi

---

(1) C'était le nom qu'avait pris GOETHE, pour s'introduire chez elle, en qualité d'anglais.

seulement de quoi me soutenir
moi-même : pense donc que je
ne suis pas vêtue assez décem-
ment pour me montrer à l'église,
et remplir mes devoirs de bonne
chrétienne. »

» C'est pourquoi, mon cher
fils, je te conjure de m'assurer
un tari (1) par jour, afin que ta
sœur n'ait plus ma nourriture à
sa charge, et afin que je ne sois
point exposée à périr de besoin.
Souviens-toi du commandement
divin, et viens au secours d'une
pauvre mère, réduite à l'extré-
mité la plus déplorable. Je te
donne ma bénédiction, et t'embrasse de tout mon cœur, ainsi
que dona Lorenza ta femme. »

_____

(1) Le tari ou taro, est de 85 centimes.

» Ta sœur t'embrasse aussi de
toute son âme, et ses enfans te
baisent les mains. »

» Ta mère, qui t'aime tendre-
ment, et te presse sur son cœur. »

« FÉLICE BALSAMO. »

Palerme, le 18 avril 1787.

Plusieurs personnes respecta-
bles , à qui je fis lire cette lettre,
après leur avoir fait le récit de
mon histoire avec cette malheureuse famille , partagèrent mes
sentimens , et voulurent bien se
réunir à moi , pour acquitter
l'espèce de dette que j'avais con-
tractée envers elle. Nous lui fîmes
tenir , vers la fin de 1788, une
somme assez considérable. On

peut voir, par les fragmens de lettre suivans, quelle sensation fit éprouver à la bonne mère, ce secours inattendu.

Palerme, 25 décembre 1788.

« Mon très-cher fils,

» Je ne comptais plus sur toi, sur personne au monde, puisque depuis près de deux ans nous étions absolument sans nouvelles, et voilà que mon bon fils surpasse, en un moment, toutes mes espérances ! »

» Je me trouve bien riche, mon cher fils, avec tout l'or que j'ai dans les mains ; mais (Dieu m'en est témoin)! je le donne-

rais volontiers pour une lettre
écrite en entier par mon cher enfant. Pourquoi ne veux-tu pas
me procurer cette joie ? »

» Un bien honnête négociant
anglais, M. *James Joff*, s'est
donné beaucoup de peines pour
nous trouver , et nous remettre
l'argent que nous tenons de ton
amour filial. Le ciel te bénira ,
mon cher fils , sois-en sûr ! »

» Pour moi , je n'aurai pas
long-tems besoin de ton assis-
tance; mais je te recommande
ta sœur et ses enfans , qui ont
mis toute leur espérance dans
ton appui. »

» Je mourrais bien satisfaite ,
si je pouvais encore une fois te
revoir dans mes bras , quoique
tu sois devenu , à ce que l'on

assure , un riche et grand sei-
gneur. »

» Ta bonne mère ,

» FELICE BALSAMO. »

J'avais fait remettre l'argent à
la bonne mère , sans lettre et
sans nul avis : il était naturel
qu'elle attribuât ce bienfait à
son fils , et qu'elle se permît
d'espérer encore pour l'avenir.

Aujourd'hui , je sais qu'elle
est instruite de l'incarcération
et de la condamnation de son
indigne fils. Il ne me reste plus
qu'à lui donner des éclaircisse-
mens sur ce qui s'est passé entre
elle et moi, et à faire tout ce qui
dépendra de mon zèle, pour lui
offrir quelque consolation. Quant

à moi, j'ai celle de voir que
plusieurs de mes compatriotes
se sont promis de ne point aban-
donner mes protégés, et je les
prie d'en recevoir ici tous mes
remercîmens. J'aurai soin de
leur faire part des nouvelles ul-
térièures qui pourront me parvenir de Sicile.

FIN.

ÉPITRE

DE SCHILLER

A GOETHE.

Nous avons pensé que nos lecteurs seraient curieux de connaître le morceau suivant, que nous n'avions fait qu'indiquer dans une note du premier volume, page 219. Il fournirait, sans doute, ample matière à discussion ; mais nous nous contenterons d'observer que de tels jugemens ne pouvant aucunement porter atteinte à la gloire de nos grands écrivains , il est toujours intéressant de savoir ce qu'en pensent ceux des nations voisines. C'est le moyen le plus assuré de nous faire une idée nette des progrès de leur littérature.

ÉPITRE

DE SCHILLER

A GOETHE,

qui venait de donner, au théâtre allemand, une traduction du Mahomet *de Voltaire.*

Toi qui, nous affranchissant de la fausse contrainte des règles, nous ramènes à la vérité et à la nature; qui, héros dès le berceau, étouffas les serpens dont les replis enchaînaient notre génie; toi, qui dès long-tems ceint du bandeau sacré, as pénétré dans le sanctuaire des arts , viens-tu aujourd'hui sacrifier sur les autels renversés de la muse illégitime que nous n'adorons plus ?

Ce théâtre est consacré aux dieux de la patrie : que des idoles étrangères n'y reçoivent plus nos hommages. Notre orgueil peut se parer du laurier cueilli sur le pinde germanique, et, sur les traces des Grecs et des enfans d'Albion, notre génie a volé au temple de mémoire.

Aux lieux où rampent des esclaves aux pieds d'un despote, où la fausse grandeur élève son colosse d'argile, l'art ne peut atteindre au sublime. Il ne peut germer sous les yeux d'un Louis (1); c'est de son propre

---

(1) L'histoire littéraire du siècle de Louis XIV, serait-elle inconnue au-delà du Rhin ?

essor qu'il doit se développer : il n'emprunte rien à la majesté terrestre ; il ne daigne s'allier qu'à l'auguste vérité : son feu divin n'embrase que des âmes libres.

Pourquoi donc nous retracer les productions d'un siècle qui n'est plus le nôtre? Certes, tu ne prétends pas nous imposer de nouveau le joug que nous avons secoué; tu ne prétends pas nous faire rétrograder vers les jours de notre débile enfance. Quel téméraire, quel insensé oserait espérer d'arrêter le char du Tems dans sa fuite rapide? Les Heures, aux ailes véloces, l'entraînent sans cesse : à tout instant l'avenir arrive, à tout instant le passé s'évanouit.

La scène s'est agrandie au-delà

de ses trop étroites limites ; elle
embrasse désormais l'univers.
Nos spectateurs ne sont plus sé-
duits par la pompe stérile de la
déclamation ; l'image fidèle de
la nature a seule droit de leur
plaire. Dégagé des entraves d'une
fausse convenance , le héros sent
et agit en homme. La passion fait
librement retentir ses accens , et
le vrai nous paraît toujours beau.

Cependant , le char de Thespis,
aussi frêle que la barque du nau-
tonier des enfers , ne peut porter
que des ombres : il se brisera sous
le poids du mortel vivant qui
voudra s'y asseoir. Jamais l'imi-
tation ne doit offrir la réalité que
dégagée de la matière ; et là où
triomphe la nature , l'art doit
céder.

C'est au génie à créer sur la
scène un monde idéal. Rien n'y
sera véritable et réel que les
larmes ; mais la pitié n'y sera
point l'effet d'un vain délire
des sens. Vraie jusque dans
ses illusions, la divine Melpomène nous subjugue par la
force de ses tableaux ; loin de
nous, la muse mensongère,
qui ne prend son nom que
pour nous abuser par de vains
fantômes !

Le génie national va-t-il perdre
son empire parmi nous ? Parce
que le Français triomphe de nous
dans les champs de Mars, faut-il
lui livrer nos muses prisonnières ?
N'est-ce que chez lui que vous
trouverez des modèles de l'art ?
Jamais il n'atteignit ses hauteurs·

sublimes (1) : resserré dans des barrières immuables, il n'ose s'écarter, il n'ose s'élever.

Pour lui, la scène est une enceinte sacrée, qu'il croirait profaner par les naïfs accens de la simple nature. Le langage de ses héros emprunte à la poésie ses plus riches couleurs, la symétrie préside à tous leurs mouvemens; leurs passions obéissent docilement au frein des règles.

Non, non, ce n'est point à la France à dicter des lois aux poëtes dont s'enorgueillit le sol de la Germanie. Rejetons un pompeux appareil qui ne parle

---

(1) Ombres de Corneille, de Racine, de Voltaire ! ! !

point à nos cœurs, que réprouve
notre raison. Attachons-nous à
la vérité seule, et, guidés par
son flambeau, fesons de notre
théâtre le digne séjour de l'antique Melpomène.

FIN.

ROMANCES.

ROMANCES D'ALFRED.

Musique de Reichardt.

Allegretto

N.° 1.

Bon trou- ba -dour, sans

nul sou-ci peut se met- tre en voy-

- a -ge; par tout il trouve un doux a-

- bri, par tout joyeux vi - sa - ge.

A

Le châ-te-lain le fait chan-ter, fil-

- let-te accourt pour l'é-cou-ter, que

faut il da-van-ta-ge?

Doloroso

N.º 2.　Qui n'a ja-mais au

soin des pleurs, traîné des nuits dans

l'in-som-ni-e, ja-mais n'a

con-nu les douleurs ni les plai-

-sirs de cet-te vi - - e.

N.º 3.

Con espressione

Je prais en-cor son-ger à vi-vre, Al-fred revoit le jour : un Dieu lors-que j'al-lais le suivre, le rend à mon amour! fanfan dans sa fai-

-bles-se ne put se se courir, fan-

-fan dans sa tris-tes-se n'a-

-vait plus qu'à mou-rir.

N°.4.

Affettuoso
La connais tu cette dou-ce con-
-tré-e, où croît l'o-li-ve et l'orange do-
-rée; où le laurier le myrthe toujours verts de
leur feuillage égayent les hivers mon bien ai-
più presto
-mé, partons partons bien vite; qu'attendre en-

-cor quand l'amour nous in - vi - te.

Grazioso

N.º 5.

A - mis quelle voix plain-

-ti - ve s'élè-ve con-tre la

nuit ? pour moi le plaisir ar-

-ri - ve, aussitôt que le jour fuit.

www.ingramcontent.com/pod-product-compliance
Lightning Source LLC
Chambersburg PA
CBHW070634100426
42744CB00006B/677